하늘을 나는 다윈 동물원

떴다! 지식 탐험대-동물
하늘을 나는 다윈 동물원

초판 제1쇄 발행일 2010년 11월 25일
개정판 제1쇄 발행일 2020년 10월 25일
글 서지원 그림 김효진 감수 신남식
발행인 박헌용, 윤호권 발행처 ㈜시공사 주소 서울시 서초구 사임당로 82
전화 문의 02-2046-2800 홈페이지 www.sigongsa.com / www.sigongjunior.com

ⓒ 우리누리·김효진, 2010

이 책의 출판권은 ㈜시공사에 있습니다.
저작권법에 의해 한국 내에서 보호받는 저작물이므로, 무단 전재와 무단 복제를 금합니다.

ISBN 979-11-6579-006-6 74490
ISBN 979-11-6579-001-1 (세트)

홈페이지 회원으로 가입하시면 다양한 혜택이 주어집니다.
잘못 만들어진 책은 구입하신 곳에서 바꾸어 드립니다.

KC마크는 이 제품이 공통안전기준에 적합하였음을 의미합니다.
제조국 : 대한민국 사용 연령 : 8세 이상
주의 사항 : 책장에 손이 베이지 않게, 모서리에 다치지 않게 주의하세요.

떴다! 지식 탐험대

동물

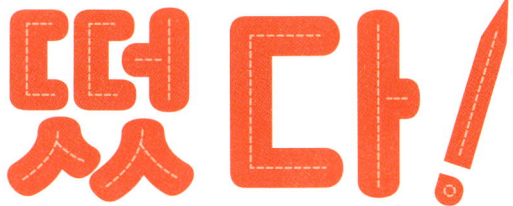

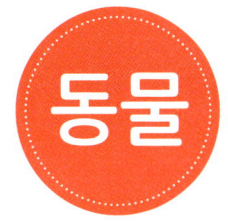

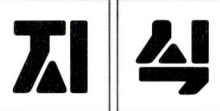

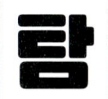

하늘을 나는 다윈 동물원

글 서지원 / 그림 김효진 / 감수 신남식

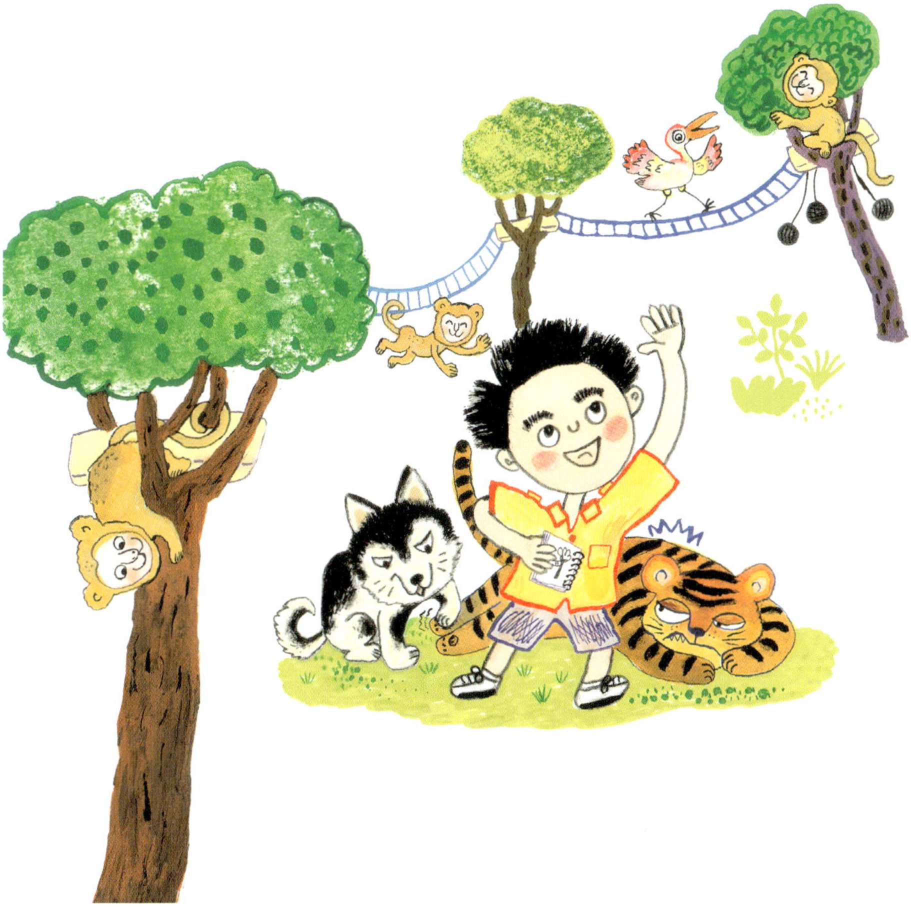

시공주니어

작가의 말

하늘을 나는 기적의 동물원

여러분도 동물원에 가 본 적이 있지요? 동물원에 가서 동물들을 지켜보면서 이런 호기심을 가져 본 적은 없나요? '기린은 왜 목이 저렇게 길어졌을까? 펭귄은 새라면서 왜 하늘을 날지 않고, 물속을 헤엄칠까?' 하는 궁금증 말이에요.

이런 궁금증을 가졌다면 여러분은 충분히 동물 박사가 될 가능성이 있어요. 과학은 아주 작은 호기심에서 시작하는 것이니까요.

지구에는 많은 종류의 동물들이 살고 있어요. 약 150만 종이나 된다고 해요. 150만 종이라니! 우리가 모르는 동물이 대체 얼마나 많은 걸까요? 우리도 동물이면서 동물에 대해 너무 모르고 있는 건 아닐까요?

이 책에는 동물이란 무엇이고, 어떻게 종류를 나누며, 동물은 어떤 환경에서 무엇을 먹고 사는지에 대해 자세히 나와 있어요. 또 동물은 서로 어떻게 대화를 하는지, 동물들이 왜 지금처럼 생김새가 서로 다르게 변했는지도 알 수 있지요.

이 책은 지동이라는 어린이가 하늘을 나는 동물원을 만들어 가는 이야기예요. 하늘을 나는 동물원이라니, 말만 들어도 신기하지요? 그런데 이 책의 배경이 된 하늘을 나는 동물원이 실제로 있어요. 바로 일본 홋카이도에 있는 아사히야마 동물원이에요.

처음에는 아사히야마 동물원도 다른 동물원과 별 차이가 없었어요. 그런데 관람객들이 점점 줄어들고 문을 닫을 지경에 이르게 되자, 동물을 전시하지 말고 관람객들에게 살아 있는 생명의 모습을 전하자는 생각을 하게 됐어요. 관람객 머리 위에 거대한 수조를 만들어 펭귄과 바다표범이 하늘을 나는 것처럼 보이게 한 거예요. 또 동물들이 행복하고 안전하게 살아가는 모습을 보여 주려고 철창살을 없애고 야생 동물에게 감동을 느끼도록 동물원을 바꾸었어요. 그러자 관람객들의 폭발적인 인기를 얻게 되었고, 지금은 일본 최고의 동물원이 되었답니다.

아사히야마 동물원 이야기는 우리에게 가르쳐 주는 게 많답니다. 동물은 우리와 더불어 지구에서 살아가는 소중한 생명이지, 우리가 구경하려고 전시하는 물건이 아니라는 사실 말이에요. 하지만 지금 이 순간에도 인간의 이기심 때문에 수많은 동물들이 사라지고, 멸종되어 가고 있어요.

우리가 동물에 대해 공부를 하는 건 단지 호기심 때문이 아니에요. 동물을 보호하고, 함께 살 수 있는 방법을 찾기 위해서이지요. 여러분도 이 책을 읽고 동물들을 사랑하는 마음을 갖게 되기를 바랍니다. 지구는 사람들만의 것이 아니라, 지구에 사는 모든 생명들의 것이니까요.

과학 이야기꾼 서지원

차례

작가의 말 … 4
등장인물 … 8

1. 있을 수 없는 일 … 10
꼬마 동물학자의 연구 노트 • 동물이란 무엇일까? … 20

2. 감전 사고, 그 후…… … 22
꼬마 동물학자의 연구 노트 • 동물의 종류는 어떻게 나눌까? … 36

3. 다윈 동물원 … 42
꼬마 동물학자의 연구 노트 • 동물은 어디에 살까? … 58
　　　　　　　　　　　　　한반도의 멸종 위기 동물들 … 63

4. 힘없는 호랑이의 고백 … 66
꼬마 동물학자의 연구 노트 • 동물은 무엇을 먹고 살까? … 74

5. 반려동물 실종 사건 … 78
꼬마 동물학자의 연구 노트 • 동물은 어떻게 자기 몸을 지킬까? … 94

6. 다윈 동물원 구출 작전 … 98
꼬마 동물학자의 연구 노트 • 동물은 어떻게 대화할까? … 116

7. 하늘을 나는 동물원 … 120
꼬마 동물학자의 연구 노트 • 동물은 왜 변했을까? … 128

8. 내 인생에서 가장 행복한 순간 … 132
꼬마 동물학자의 연구 노트 • 동물은 어떻게 짝짓기를 할까? … 146
　　　　　　　　　　　　　 동물은 어떻게 새끼를 낳고 키울까? … 149

등장인물

한지동

미래에 동물학자가 되겠다는 꿈을 가진 열두 살 어린이. 세상에서 가장 좋아하는 건 동물이고, 세상에서 가장 싫어하는 건 동물을 학대하는 사람이다. 갑작스러운 감전 사고로, 동물과 대화할 수 있는 능력을 갖게 된다.

코붕이

지동이의 친구인 맬러뮤트 개. 옛 주인이 동물 병원의 수의사였고, 동물 병원에서 태어나고 살았기 때문에 동물들에 대해 잘 안다.

지동이의 부모님

지동이의 아빠는 다윈 동물원의 사육사이다. 동물원의 관람객이 점점 줄어들어 동물원이 문을 닫을 지경이 되자, 몹시 힘들어한다. 지동이의 엄마도 동물을 싫어하지는 않지만 가족의 건강 때문에 집에서 동물 키우는 걸 반대한다.

수호랑이와 암사자 부부

중국어를 할 줄 아는 수호랑이. 생태계의 왕이라고 하지만, 쇠창살에 갇혀 지내자 기운이 없고 우울해한다. 암사자를 짝사랑해서 지동이에게 암사자와 결혼시켜 달라고 졸라 결국 결혼을 한다.

지동이네 집 동물 친구들

화이트초콜릿 고슴도치 한 쌍, 초록빛 이구아나 한 마리, 성질 나쁜 열대어 네 마리, 욕밖에 할 줄 모르는 앵무새 한 마리. 저마다 사연이 있어 지동이네 집에서 살게 되었다.

1. 있을 수 없는 일

'있을 수 없는 일' 같은 건 있을 수 없다.

그해 여름, 나에게 있을 수 없는 일이 일어난 것은 여름 방학을 시작하기 2주일 전쯤이었다.

하늘에서는 구멍이 뚫린 듯 며칠째 폭우가 쏟아졌다. 저 멀리에서 이따금씩 우릉우릉 천둥 울리는 소리가 들리곤 했다. 그 소리는 마치 거인들의 비명 같았다. 하늘을 두 어깨에 힘겹게 떠받치고 있는 전설 속의 거인 말이다.

"올여름 장마는 다른 해보다 길고 피해도 클 것 같아."

아침 식탁에 오른 시금칫국을 뜨면서 아빠가 말했다. 아빠의 목소리는 창밖의 잿빛 하늘만큼이나 무거웠다. 아빠의 말처럼, 집중 호우로 피해를 입는 지역이 점점 늘고 있다는 텔레비전 뉴스가 들려왔다.

엄마는 빨래 건조대 위의 빨래를 만져 보며 말했다.

"빨래가 잘 마르지 않네. 엊그제 널었던 빨래가 아직도 축축해서 냄새가 나."

엄마가 식탁에 앉으면서 아빠에게 물었다.

"당신 동물원은 피해 없어?"

아빠는 굳은 표정으로 고개를 흔들었다. 그 이야기는 하고 싶지 않은 모양이었다. 엄마는 아빠의 마음을 눈치챘는지 더는 묻지 않았다.

나도 아빠의 마음을 알 것 같았다. 동물원 때문에 아빠의 얼굴에서 웃음이 사라진 지 이미 오래됐다. 덕분에 우리 가족은 몇 달째 우울하게 지내고 있다.

우리 아빠는 다원 동물원의 사육사이다. 다원 동물원은 우리 집에서 버스로 두 정거장 떨어진 곳에 있는 동물원이다. 아빠가 다원 동물원에서 일을 한 지는 15년이 넘었다고 한다. 아빠가 엄마를 처음 만난 곳도 동물원의 원숭이 우리 앞이었다고 하니까, 동물원이 없었다면 나는 아마 세상에 태어나지도 못했을 것이다.

엄마가 아빠의 밥그릇에 생선을 올려 주면서 물었다.

"동물원에는 여전히 관람객이 없어?"

아빠가 고개를 끄덕였다.

"어제는 열 명도 안 왔어. 장마까지 길어졌으니 올여름에는 관람객이 더 줄 것 같아."

"이러다가 정말 문을 닫는 거 아닌지 몰라. 지난해까지만 해도 관람객들로 북적거렸는데……. 이 동네 사람들은 주말만 되면 도시락을 싸서 동물원에 놀러 갔잖아. 그런데 이렇게 갑자기 관람객들의 발길이 뚝 끊어질 줄이야……."

엄마의 목소리에 안타까움이 묻어났다. 아빠는 수저를 놓으면서 한숨을 쉬었다.

"다 테마파크 때문이야. 사람들은 동물을 구경하는 것보다 놀이 기구를 타는 게 더 좋은가 봐."

그랬다. 지난봄, 동물원에서 멀지 않은 곳에 아주 큰 테마파크가 들어섰다. 사람들은 동물원보다는 아찔한 롤러코스터와 사시사철 물놀이를 즐길 수 있는 테마파크를 더 좋아했다. 동물원을 찾는 관람객이 줄어들자, 입장료를 받아야 운영이 되는 동물원이 몹시 어려워졌다고 엄마가 말했다.

아빠는 자리에서 일어나 출근 준비를 했다. 엄마도 함께 자리에서 일어났다.

"벌써 나가려고? 관람객도 없다면서 천천히 가, 여보."

"나가 봐야 해. 요즘 고릴라 건강이 안 좋아. 오늘은 건강식이라도 챙겨 먹여야지."

아빠는 서둘러 집을 나섰다. 나도 밥을 서둘러 먹고는, 내 방에 있는 동물들의 아침을 챙겨 줬다. 그리고 우산을 들고 학교로 향했다.

내 이름은 한지동이다. 나이는 열두 살이고, 냉천 초등학교 5학년 3반이다. 아빠를 닮아서 그런지 나는 동물을 무척 좋아한다. 그리고 동물을 학대하는 사람을 몹시 싫어한다.

우리 집에는 아빠와 엄마, 나 외에도 여러 동물 식구가 산다. 화이트초콜릿 고슴도치 한 쌍, 초록빛 이구아나 한 마리, 성질 나쁜 열대어 네 마리, 욕밖에 할 줄 모르는 앵무새 한 마리, 그리고 아무 데서나 똥오줌을 퍼질러 놓는 코붕이라는 이름의 맬러뮤트 잡종이다.

이 동물들이 우리 가족이 된 데에는 저마다 사연이 있다. 길을 잃고 헤

매었거나, 누군가 동물원에 버리고 갔거나, 동물원에서 키워 달라고 동네 사람들이 아빠에게 부탁한 것들이다. 하지만 동물원에 마땅히 키울 장소가 없었던 탓에 하나둘 우리 가족이 되었다.

엄마는 사실 동물들을 별로 좋아하지 않는다. 엄마는 내 방에 가득 찬 동물들 때문에 내 건강이 안 좋아질까 봐 걱정하기도 하고, 코붕이가 퍼질러 놓는 똥오줌과 앵무새의 깃털 때문에 짜증을 내기도 한다.

며칠 전만 해도 엄마는 동물들을 당장 없애 버려야 한다며 짜증을 냈다. 동물들을 지키기 위해 나는 엄마에게 이렇게 말했다.

"내 꿈이 뭔지 아세요?"

"네 꿈은 동물학자 아니니?"

"맞아요. 슈바이처 같은 분이 되는 게 내 꿈이에요."

엄마가 팔짱을 끼면서 말했다.

"슈바이처는 동물학자가 아니라 의사거든."

"아! 그랬나?"

난 머리를 긁적거렸다.

"어쨌든 엄마! 저는 훌륭한 동물학자가 될 거예요."

"그래서?"

 엄마는 팔짱을 풀지 않았다.
 "그래서 저한테는 이 동물들이 절대 없어서는 안 돼요. 저는 이 동물들을 보면서 항상 연구하는 중이거든요. 저의 미래이고, 꿈이고, 교과서니까요."
 "아하! 그런 거였어?"

엄마가 고개를 까닥이며 말했다.

"그런데 미래의 동물학자님, 지난 과학 단원 평가 때 점수가 몇 점이었더라?"

"그, 그건……."

"65점 아니었나? 아니다, 60점이었지?"

난 말문이 막혀 버렸다.

"엄마가 한 가지만 물어보자. 동물과 식물이 어떻게 다른지 아니?"

"그게……."

"너, 동물의 '동' 자 뜻은 아니? 동물의 '동' 자를 한자로 쓸 줄은 알아?"

"그게 그러니까……."

"동물의 '동' 자만 한자로 쓸 줄 알아도 동물이 뭔지 알 수 있어. 동물에 대해 하나도 모르면서 어떻게 동물학자가 된다는 거야?"

엄마가 집요하게 따져 물을수록 내 목소리는 자꾸 기어들어 갔다.

"그러니까 앞으로 열심히 연구하면 돼요. 그렇게 할 거니까 제발 동물들을 없애 버리자는 말씀은 하지 말아 주세요."

나는 간절하게 애원하는 척 말했다.

엄마가 천장을 바라보며 눈동자를 굴렸다. 그건 엄마가 내게 무엇을 요구할까 생각할 때마다 짓는 표정이다. 아니나 다를까 엄마의 눈동자가 반짝였다.

"좋은 수가 있다! 앞으로 날마다 동물들을 관찰해서 관찰 노트를 쓰도록 해. 모르는 건 책도 찾아보고, 인터넷도 찾아보면서 말이야."

"관찰 노트요?"

말만 들어도 지겨웠다.

학교에서 쓰는 실험 관찰 노트도 안 써서 혼난 적이 여러 번인데! 엄마는 어쩌면 저렇게 내가 싫어하는 것만 쏙쏙 잘 기억할까?

엄마가 더 무시무시한 요구를 하기 전에 나는 얼른 등을 돌려 내 방 책상 앞에 앉았다. 등 뒤로 엄마의 목소리가 날카롭게 날아왔다.

"관찰 노트를 쓰는지 안 쓰는지 날마다 검사할 거야. 그리고 코붕이가 한 번만 더 음식물 쓰레기통 뒤지면 내쫓을 거니까 그런 줄 알아. 또 한 가지! 앞으로 코붕이 똥오줌은 네가 다 치워야 한다. 엄마는 냄새도 맡기 싫어!"

나는 어깨가 무거워졌다. 동물 가족들을 구하려면 어쩔 수 없는 선택이었다. 그 정도는 희생할 각오가 돼 있다. 우리 동물 가족들이 이런 내 마음을 알아주면 좋을 텐데…….

하지만 코붕이는 여전히 팔뚝만큼 굵은 똥을 침대 밑에 퍼질러 놓았고, 이구아나는 우리를 탈출해 책장 위로 기어 올라갔다. 앵무새는 "야, 인마! 자식!"이라고 내게 욕을 했고, 고슴도치는 먹이를 주는 내 손바닥 위로 올라올 생각조차 하지 않았다.

어쨌거나 약속은 약속이었다. 그날 저녁, 나는 한쪽 귀퉁이가 찢어진 낡은 노트를 꺼내 '꼬마 동물학자의 연구 노트'라고 썼다. 나는 글쓰기라면 바퀴벌레보다 싫어했지만, 어쩔 수 없었다. 나는 연필을 든 채 한동안 눈동자를 굴렸다. 도대체 뭐부터 써야 할지 알 수가 없었다.

엄마가 했던 말이 떠올랐다.

'동물이란 무엇이고, 동물과 식물이 어떻게 다른지 알아봐. 동물을 한

자로 쓸 줄 알아야 하는 것도 잊지 말고.'

나는 두꺼운 동물책을 꺼내 뒤적거렸다. 태어나서 두 번쯤 펼쳐 본 터라 새 책처럼 깨끗했다.

'꼬마 동물학자의 연구 노트라······.'

두 줄을 쓰기도 전에 머리가 아파 왔다. 괜히 시작한 것 같은 후회가 밀려왔다.

코붕이가 내 마음을 위로하려는 듯 책상 밑에서 머리를 들이밀며 긴 혀를 내밀었다. 나는 코붕이의 머리를 쓰다듬어 주었다.

"우리가 말이 통하면 얼마나 좋을까? 내가 너한테 동물에 대해 물어볼 수도 있고……."

말도 안 되는 소원을 중얼거리며 나는 '동물이란 무엇일까?'라고 노트에 쓰기 시작했다.

꼬마 동물학자의 연구 노트

동물이란 무엇일까?

동물이란 무엇일까?

　우리 주변에는 살아 있는 것들이 수없이 많다. 집에서 키우는 개나 고양이, 화초, 눈에 보이지 않는 작은 것들까지 다양하다. 생명을 가진 이것들을 모두 생물이라고 한다. 생물은 크게 동물, 식물, 미생물로 나눌 수 있다.

　동물은 한자로 '動物'이라고 쓴다. 움직일 동에 만물 물, 그러니까 동물이란 움직이는 것이란 뜻이다. 동물은 자기 힘으로 움직이고, 식물은 보통 움직이지 않고 한 자리에 붙박여 살아간다. 물론 움직이는 식물이 있긴 하다. 곤충을 잡아먹는 파리지옥 같은 벌레잡이 식물 말이다.

　하지만 벌레잡이 식물의 움직임은 동물과는 다르다. 동물의 움직임에는 다리로 걷고, 팔을 흔드는 것 말고도 여러 가지가 있다. 눈으로 사물을 보고, 냄새를 킁킁 맡고, 귀를 쫑긋 세워서 소리를 듣는 것도 움직이는 것이다. 이런 행동은 감각 기관을 사용하는 움직임인데 식물에게는 감각 기관이 없다.

　동물과 식물의 가장 큰 차이는 영양분을 얻는 방법이 다르다는 것이다. 식물은 햇빛과 물, 흙 등을 이용해 스스로 영양분을 만들어 낼 수 있다. 하지만 동물은 스스로 영양분을 만들어 내지 못하고 먹이

스스로 영양분을 만드는 식물

초식 동물 　　　　　육식 동물

를 먹어야만 살아갈 수 있다. 그래서 동물은 식물을 먹거나 다른 동물을 먹는다. 식물을 먹는 동물을 초식 동물, 동물을 먹는 동물을 육식 동물이라고 한다.

초식 동물에는 소, 말, 염소 등이 있고, 육식 동물에는 호랑이, 사자, 독수리 등이 있다. 잡식 동물은 동물성 먹이와 식물성 먹이를 모두 먹는 동물로 원숭이, 쥐, 멧돼지, 개, 곰 등이 있다. 그렇다면 사람은 무슨 동물일까? 못 먹는 게 거의 없으니 잡식 동물이다.

동물 중에는 완전한 동물이라고 볼 수 없는 동물도 있다. 식물 같은 특징을 가진 단세포 동물이 대표적이다. 단세포 동물은 단 한 개의 세포로 이루어진 동물을 말한다.

미생물은 어떤 생물일까?

미생물은 동물인지 식물인지 분류하기 힘든 생물이다. 미생물은 눈으로 볼 수 없는 아주 작은 생물을 말한다. 얼마나 작은지 현미경으로만 볼 수 있다. 미생물에는 균류(곰팡이와 효모 등), 원생생물, 세균, 고세균, 바이러스 등이 있다.

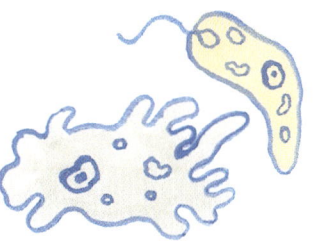

미생물

2. 감전 사고, 그후……

 '있을 수 없는 일' 같은 게 있을 수도 있다는 것을 나는 알게 되었다. 그날 저녁, '있을 수 없는 일'이 내게 일어났기 때문이다.
 폭우는 그다음 날에도 멈추지 않았다. 나는 우산살이 부러져 한쪽이 기울어진 우산을 쓰고 학원을 다녀오는 길이었다. 가로등이 켜지지 않아 집 앞은 어두컴컴했다. 빗물이 보도블록 위로 넘쳐 찰랑거렸다.
 "컹컹!"
 골목 저쪽에서 개 짖는 소리가 났다. 나는 코붕이라는 걸 단박에 알 수 있었다. 코붕이는 대문 앞에서 나를 기다리고 있었다. 아마 음식물 쓰레기통을 뒤져 집에서 쫓겨난 모양이었다.
 나는 코붕이가 반가워 고인 빗물을 철벅철벅 밟으며 뛰어갔다. 코붕이도 내가 반가운지 두 귀를 바짝 붙이고 큰 꼬리를 마구 흔들며 뛰어왔다. 우리는 영화의 한 장면처럼 멋지게 서로 얼싸안았다.

그 순간, '찌리릿' 하고 내 머리부터 발끝까지 순식간에 충격이 지나갔다. 나는 비틀거리며 옆으로 쓰러졌다.

"컹!"

코붕이가 비명을 지르며 허공으로 껑충 뛰어올랐다.

나는 춥지도 않았는데 온몸이 부들부들 떨렸다. 내 몸 전체를 수많은 바늘이 찌르는 듯했다. 나중에 알았지만, 그것은 감전 사고였다. 가로등의 전류가 빗물을 타고 흘러나왔던 것이다.

쓰러진 나의 옷깃을 코붕이가 물고 끌어당겼다. 만약 코붕이가 그렇게 하지 않았다면, 난 죽어서 이 글을 남기지 못했을지도 모른다. 나는 간신히 두 팔과 두 다리에 힘을 주어 빗물에서 벗어났다. 대문 앞에서 나는 한동안 충격에서 벗어나지 못한 채 부들부들 떨었다. 몸 어디에도 특별한 상처가 없다는 게 신기했다.

한참 후에야 나는 겨우겨우 몸을 일으켰다. 그러고는 비틀거리며 대문을 열고 집 안으로 들어갔다.

"지동이 왔니? 저녁 먹자."

주방에서 엄마 목소리가 들렸다. 엄마는 내 모습을 보지 못했다.

나는 대답을 하지 못한 채 힘없이 내 방으로 들어갔다. 침대에 털썩하고 고꾸라진 뒤, 금세 깊은 잠에 빠져들었다.

엄마는 내가 감전 사고를 당했다는 건 전혀 눈치채지 못한 모양이었다. 나중에 들은 얘기인데, 엄마는 내가 너무 피곤해서 잠을 자는 줄 알았다고 했다.

나는 아주 신기한 꿈을 꿨다. 나는 성경에 나오는 노아가 되어 커다란 방주에 동물들을 모으고 있었다. 동물들과 나는 서로 말이 통했다. 사나운 동물도 내 앞에서는 착하고 얌전하게 굴었다. 그러다가 어둠이 나를 둘러쌌다. 어둠 속에서 동물들이 자꾸 수군거렸다.

나는 가만히 어둠 속을 살펴봤다. 수군거리는 것은 우리 집 동물 가족인 코붕이와 고슴도치, 이구아나, 열대어, 그리고 욕밖에 할 줄 모르는 앵무새였다.

고슴도치가 물었다.

"지동이가 많이 아픈 거야?"

코붕이가 대답했다.

"전기에 감전되었어. 온몸의 털이 쭈뼛 서더라니까. 하마터면 큰일 날 뻔했어."

열대어들이 수다를 떨었다.

"아, 배고파. 지동이가 빨리 일어나야 밥을 먹을 수 있는데."

"이런 망할 것들! 대장이 아프다는데 밥 타령이야! 하여간 어류는 머리가 없어!"

앵무새가 핀잔을 주자, 열대어들이 어항 한쪽으로 몰려와 단체로 소리를 질러 댔다.

"조류보다는 낫다! 이 새대가리야!"

'이건 다 꿈이야.' 하고 나는 생각했다. 꿈을 꾸면서 '이건 다 꿈이야.'라고 생각할 수 있다는 게 이상했지만, 그래도 꿈이 아닐 수는 없다고 생각했다.

이구아나가 말했다.

"코붕! 지동이 좀 깨워 봐!"

코붕이가 다가와 내 손바닥을 핥는 느낌이 들었다. 그래도 나는 일어나기 싫어서 가만히 누워 있었다.

그러자 동물들은 처음 들어 보는 이상한 노래를 다 함께 부르기 시작했다.

"정신 차려, 이 친구야. 요힉! 어서 일어나, 이 친구야. 에헥!"

너무 시끄러웠다. 나는 그제야 잠에서 깨어났다. 침대에서 일어나며 머리를 흔들었다. 꿈이 진짜처럼 생생했다.

나는 거실로 나갔다. 깊은 밤이었는지 엄마 아빠는 벌써 안방에서 자고 있었다. 나는 목이 말라 주방으로 가서 시원한 물을 한 컵 들이켰다. 그러고선 다시 내 방으로 돌아와 침대에 걸터앉았다. 기운이 없고, 머리가 약간 어지러웠다.

그때였다.

"괜찮아? 우리가 얼마나 걱정했다고!"

어디선가 목소리가 들려왔다. 나는 깜짝 놀라 주변을 두리번거렸다. 코붕이가 침대 밑에서 혀를 내밀고 고개를 약간 갸우뚱한 채 나를 쳐다보고 있었다. 잘못 들은 것 같았다. 나는 다시 고개를 돌렸다.

"일어났다! 밥 줘!"

"너무 답답해. 뚜껑 좀 열어 줘!"

이쪽저쪽에서 목소리가 들려왔다. 나는 너무 놀라 눈을 동그랗게 뜨고 주변을 살폈다.

"누구야? 누가 말한 거야?"

"누구긴! 나야! 코붕이!"

코붕이가 꼬리를 흔들었다.

"코, 코붕이! 지금 네가 말한 거야?"

"그렇다니까! 내 목소리 들려?"

난 바닥에 털썩 주저앉았다.

"우리 목소리도 들리지?"

동물 가족들이 동시에 말했다.
"이건 사실이 아니야! 동물이 말을 할 수는 없어! 이건 꿈이야! 내가 아직도 꿈에서 깨지 않았나 봐!"

나는 침대에 누워 베개에 머리를 처박고는 귀를 힘껏 틀어막았다. 눈을 감자, 주변이 다시 조용해졌다. 눈을 뜨고 슬며시 방 안을 둘러봤다. 역시, 어떤 동물도 말을 하지 않았다.

"어휴, 그럼 그렇지. 동물이 말을 하다니! 내가 잠시 정신이 나갔던 모양이야."

나는 한숨을 내쉬었다. 그러자마자!

"우헤헤! 속았지!"

"깔깔깔! 우리가 한 건 했네!"

"사람을 속여 먹는 건 역시 재밌어!"

동물 가족들이 동시에 폭소를 터뜨렸다. 이구아나와 고슴도치는 바닥을 뒹굴었고, 열대어는 퐁퐁 튀었다. 앵무새는 날개를 퍼덕거렸고, 코뿡이는 손뼉을 치듯 앞발을 흔들었다.

"내가 미쳤나 봐! 아니야, 너희가 미친 거야! 아니야, 내가 미친 건가? 아니야, 우리가 다 미친 거야!"

나는 두 눈이 휘둥그레져서 동물들을 둘러봤다. 열대어가 말했다.

"이봐, 친구들! 저 두 손 달리고 머리만 커서 미련하게 생긴 동물이 지금 우리더러 뭐라고 하는 거야?"

"우리가 사람보다 바통일 거라고 말하는 것 같은데!"

"바통?"

내가 물었다. 그때부터 동물 가족들은 정신없이 움직이며 떠들어 대기 시작했다.

"그래! 바보 중에서 가장 멍텅구리를 우리는 바통이라고 부르지. 바로 사람 말이야. 이야호!"

열대어가 꼬리를 흔들면서 물 위로 튀어 올랐다가 내려갔다. 물방울이 퐁퐁 튀었다.

"내가 보기에는 세상에 바통이라고 할 만한 것은 두 종류가 있어. 하나는 사람이고, 또 하나는 인간이야."

고슴도치가 주둥이를 흔들며 말했다.

"웃기시네! 사람이랑 인간은 똑같은 거야. 내가 일기로는 이 세상에 바통이라고 할 만한 것이 두 가지가 있어. 하나는 여자고, 또 하나는 남자야. 대표적인 여자가 이 집 아줌마지."

"오호! 맞아! 네가 맞는 말을 한 건 여태까지 처음 봐. 네 말뜻은 세상에 바통이 아닌 사람은 없다는 뜻이잖아. 이야호!"

나는 이쪽저쪽 쳐다보느라 눈동자가 빙글빙글 돌아갔다. 정신이 하나도 없었다.

"지동아, 배 안 고프니?"

안방에서 엄마 목소리가 들려왔다. 나는 당황한 목소리로 소리쳤다.

"아, 아니요!"

"식탁 위에 저녁 차려 놨으니까 전자레인지에 데워 먹으렴. 숙제 다 했는지 확인하고, 일기랑 동물 관찰 노트 쓰는 것 잊지 말고."

"네, 안녕히 주무세요."

나는 얼렁뚱땅 대답하고는 방문을 걸어 잠갔다.

난 잠시 책상에 앉아 멍한 표정을 지었다. 코붕이가 내 다리 위로 머리를 올리며 꼬리를 흔들었다.

"코붕아, 이게 무, 무슨 일이야? 나한테 무슨 일이 생긴 거지?"

"네가 아마 우리랑 말이 통하게 됐나 봐. 너랑 내가 함께 감전되면서 우리 몸이 하나로 연결됐나 봐. 그래서 동물과 말할 수 있는 능력이 너에게 생긴 모양이야."

내가 말했다.

"이건 있을 수 없는 일이야!"

코붕이가 말했다.

"그래, 있을 수 없는 일이 일어난 거야."

생각할수록 신기하고 놀라운 일이었다. 나는 한참 동안 동물 가족들과 작은 목소리로 속닥거렸다. 엄마 아빠에게 들킬지 모르니 한껏 목소리를 낮추어야 했다. 동물 가족들은 내 생각보다 훨씬 짓궂고 수다스러웠다. 나는 시간 가는 줄 모르고 떠들었다.

앵무새가 물었다.

"아참! 지동아, 오늘은 〈꼬마 동물학자의 연구 노트〉 안 쓰니?"

"그거 보통 힘든 게 아니야. 난 글 쓰는 건 바퀴벌레보다 싫거든."

코붕이가 반질거리는 콧등을 내밀면서 말했다.

"그렇게 어려워할 필요 없어. 우리들이랑 얘기한 내용을 써 봐."

"너희들이랑 얘기한 내용? 그럼 너희랑 나랑 말이 통한다고 쓰라고? 엄마가 나를 당장 정신 병원으로 끌고 갈걸!"

"그건 그렇겠군. 그러면 우리 종류에 대해 써 보는 건 어때? 새, 개, 물고기, 이구아나……. 우리는 종류가 다양하잖아."

"그건 유치원생들도 알 수 있는 거잖아. 그렇게 쓰면 엄마가 배를 잡고 비웃을 거야."

앵무새가 날개를 퍼덕이며 말했다.

"코붕이 말은 그게 아니야. 조류, 파충류, 포유류, 어류라고 써야지."

"그것뿐인가? 또 단세포 동물, 다세포 동물도 있고……."

"또 있어. 유성 생식 동물, 무성 생식 동물……. 동물을 종류에 따라 분류하는 방법이 얼마나 많은데!"

동물들이 꽤나 똑똑한 척을 했다. 나는 뒤통수를 긁으며 얼굴을 찌푸렸다. 괜히 기분이 나빠지려고 했다.

"지동이는 바통이라서 그런 걸 잘 모를 거야. 우리가 아는 것만큼 동물에 대해 알려면 100년도 더 걸릴걸."

"이것들이 정말!"

나는 바짝 화가 나서 동물들의 우리를 두드리려고 실로폰 채를 잡았다.

"다들 그만해!"

코붕이가 굵은 목소리로 소리를 질렀다.

 "지동이 약 올리지 마. 지동이는 우리 친구이자 대장이잖아. 지동이가 없어 봐. 우리는 당장 쫓겨나고 말 거야."

 코붕이의 목소리에 동물들은 기가 죽었는지 조용해졌다. 코붕이는 다시 나를 바라봤다.

 "지동아, 다들 오랫동안 갇혀 지내서 그래. 감옥 같은 곳에 평생 갇혀 지내니까 스트레스가 쌓였나 봐. 그래도 널 정말 좋아해서 장난치는 거니까 이해해 줘."

 "알았어, 알았다고. 어쨌거나 난 지금 머리가 쑤시고, 배 속이 울렁거리고, 귀에서 냉장고처럼 윙윙거리는 소리가 들려. 그게 너희 때문인지, 아니면 감전 사고 때문인지, 그것도 아니면 단지 배가 고프기 때문인지는 모르겠어. 어쨌거나 난 지금 빨리 〈꼬마 동물학자의 연구 노트〉를 써 놓고 얼른 잠자리에 들어야겠어. 그리고 꿈인지 진짜인지 모를 이 상황에서 벗어나고 싶어. 내가 연구 노트를 쓸 동안 너희는 조용히 입을 다물고 있어 주기만 하면 돼. 난, 더 이상, 너희에게 아무것도 바라지 않아!"

"그래! 그쯤이야!"

동물들이 동시에 시원하게 대답했다.

나는 〈꼬마 동물학자의 연구 노트〉를 펼쳤다. 하지만 10분이 지나도록 한 줄도 쓰지 못했다. 나는 연필 지우개를 씹으면서 멍한 표정으로 앉아 있었다.

이구아나가 말을 걸었다.

"우리가 도와줄까? 우리가 쓰라는 대로 받아 적으면 돼."

"그래, 우리는 저마다 자기 종류에 대해서는 잘 알거든."

나는 귀가 솔깃해졌다.

"이구아나 양반, 넌 파충류니까 파충류에 대해서 먼저 말해 봐. 비늘이 있다는 건 빼고 말이야. 보기만 해도 징그러워유!"

앵무새가 고개를 흔들며 떠들었다.

나는 연구 노트에 '동물의 종류는 어떻게 나눌까?'라고 썼다. 그리고 동물들의 설명을 들으며 한 줄씩 써 내려가기 시작했다.

꼬마 동물학자의 연구 노트

동물의 종류는 어떻게 나눌까?

동물을 왜 분류할까?

동물의 종류는 셀 수 없이 많다. 그래서 과학자들은 동물을 쉽게 연구하기 위해서 동물을 분류했다. 동물 분류는 동물을 연구하는 데 가장 기본적이고 필수적인 일이다. 대개 특징이 같은 것끼리, 조상이 같은 것끼리 분류한다. 예를 들어 거북은 파충류로, 귀뚜라미는 곤충류로, 개는 포유류로, 개구리는 양서류로, 갈매기는 조류 등으로 분류하는 것이다.

동물학자들은 동물을 분류하고, '학명'이라는 이름을 붙여 준다. 학명은 세계 어느 나라에서도 통할 수 있는 이름이다.

동물을 분류할 때에는 여러 가지 기준을 사용한다. 사는 곳이 어디인지, 먹이가 무엇인지, 생김새가 어떤지에 따라 분류할 수도 있고, 척추(등뼈)가 있는지, 자손을 퍼뜨리는 방법이 어떤지에 따라서도 분류할 수 있다.

척추동물과 무척추동물

동물을 분류하는 가장 일반적인 방법은 척추가 있는지 없는지에 따라 분류하는 것이다. 척추는 등에 있는 커다란 등뼈로, 척추가 있으면 척추동물, 척추가 없으면 무척추동물이라고 한다.

척추동물은 포유류, 조류, 파충류, 양서류, 어류로 나눌 수 있다.

포유류는 젖을 먹여 새끼를 키우는 정온 동물이다. 정온 동물이란 바깥 온도에 관계없이 체온이 일정한 동물을 말한다. 포유류는 대개 털이 있으며, 머리가 크고 잘 발달되어 있다. 어미는 새끼들을 보호해 주고 훈련시킨다. 포유류에는 개, 돼지, 호랑이, 소, 원숭이 등이 있다. 그렇다면 사람도? 맞다! 사람도 포유류다.

포유류

파충류는 비늘이 있는 건조한 피부로 뒤덮여 있으며 변온 동물이다. 변온 동물이란 바깥 온도에 따라 체온이 변하는 동물을 말한다. 파충류에는 뱀, 거북, 악어, 도마뱀 등이 있다. 아주 옛날에 지구에 살았다는 공룡도 파충류였다.

파충류

양서류는 어려서는 물에서 살고, 성장해서는 물과 땅, 양쪽에서 사는 동물을 말한다. 피부가 매끄럽고 끈적끈적하며 폐와 피부를 통해 숨을 쉰다. 양서류에는 개구리, 두꺼비, 도롱뇽 등이 있다.

양서류

조류

조류는 날개와 부리가 있으며, 포유류처럼 정온 동물이다. 사람들은 간단하게 '새'라고 부른다. 알을 낳아서 품고, 알에서 새끼가 깨어나면 키운다. 양서류와 달리 깃털이 있고, 다리가 두 개다.

어류

어류는 물에서 살며 아가미를 통해서 물속에서 숨을 쉰다. 흔히 물고기라고 부르는 동물이다. 척추동물 중 가장 많은 종이 있다. 고등어, 갈치, 넙치 등이다.

극피동물-성게   절지동물-게   연체동물-오징어

환형동물-지렁이   편형동물-플라나리아   자포동물-히드라

　척추동물 이외의 모든 동물이 무척추동물로, 극피동물, 절지동물, 연체동물, 환형동물, 편형동물, 자포동물 등이 있다.
　절지동물은 다리가 둘 이상의 마디로 이루어진 동물이다. 곤충류, 거미류, 갑각류 등이 포함되며 지네, 가재, 게 등이 절지동물이다. 환형동물은 고리 모양의 체절(마디) 구조를 가진 동물을 말한다. 지렁이와 갯지렁이, 거머리가 환형동물이다. 연체동물은 달팽이, 조개, 문어, 오징어 같은 동물이다. 딱딱한 껍질이 있는 것도 있고, 없는 것도 있다. 그 밖에 플라나리아, 촌충 등의 편형동물과 말미잘, 해파리 등의 자포동물, 성게, 불가사리, 해삼 등의 극피동물이 있다.

무성 생식과 유성 생식

　자손을 퍼뜨리는 방법으로 동물을 분류할 수도 있다. 자손을 퍼뜨리는 방법에는 유성 생식과 무성 생식이 있다.
　유성 생식은 수컷과 암컷이 짝짓기를 해서 자손을 퍼뜨리는 것이고, 무성 생식은 혼자 자손을 만드는 것이다. 조류나 포유류 등 대개의 다세포 생물은 유성 생식을 하고, 대개의 단세포 생물은 무성 생식을 한다.

그런데 무성 생식은 어떻게 이루어지는 것일까? 무성 생식을 하는 대표적인 동물은 단세포 동물인 아메바다. 아메바는 아주 하등한 동물로 암컷과 수컷의 구분이 없다. 신기하게도 알맞은 환경이 주어지면 자신의 몸을 둘로 갈라 또 다른 자신을 만들어 낸다. 이렇게 만들어진 또 하나의 자신은 원래의 자신과 완벽하게 똑같다. 똑같은 유전 정보를 갖고 있기 때문이다. 이렇게 아메바처럼 한 개체가 둘로 나뉘어 새로운 생명체를 이루는 것 외에도 여러 가지 무성 생식이 있다.

유성 생식을 하면 무성 생식보다 다양한 자손을 생산할 수 있다. 그래서 환경의 변화에 적응하기 쉽다.

유성 생식과 무성 생식을 번갈아 하는 신기한 동물도 있다. 바로 해파리가 그렇다.

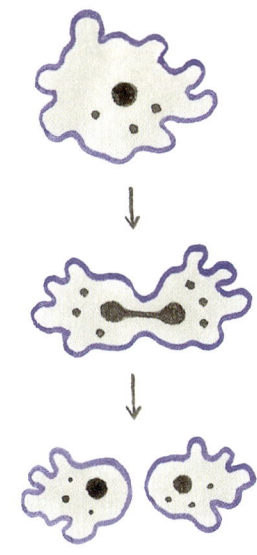

아메바의 무성 생식

정온 동물과 변온 동물

바깥 온도에 맞춰 몸의 온도가 변하는지 변하지 않는지에 따라 정온 동물과 변온 동물로 동물을 분류할 수도 있다.

정온 동물은 몸의 온도가 항상 일정하게 유지되는 동물로 온혈 동물이라고도 한다. 조류와 포유류가 정온 동물이다. 정온 동물은 날씨가 춥거나 더워도 언제나 체온을 유지할 수 있다. 포유류는 너무 더우면 땀을 흘리는데, 이 땀이 증발하면서 체온을 내려 준다. 하지만 정온 동물은 몸의 온도가 조금만 오르거나 내려가도 큰 병이 된다. 감기에 걸려 체온이 조금만 올라도 심하게 아픈 것만 봐도 알 수 있다.

변온 동물은 주변의 온도에 따라 체온이 변하는 동물이다. 파충류, 양서류, 어류와 무척추동물이 변온 동물이다. 체온이 너무 낮으면 신진대사가 느려져 몸의 움직임이 느려지기 때문에 천적에게 잡아먹힐 위험이 있다. 그래서 변온 동물들은 활발하게 움직이기 위해서 체온을 높이려고 한다. 변온 동물이 몸의 온도를 높이기 위해서는 태양열이 꼭 필요하다. 나비는 아침마다 날개를 벌려 햇볕을 받는다. 뱀이나 도마뱀도 해가 잘 비치는 곳으로 나와 햇볕을 받아 몸의 온도를 높인다.

정온 동물과 변온 동물의 겨울잠은 왜 다를까?

먹이가 부족하고 날씨가 추워지는 겨울이 되면 동물들은 깊은 땅속이나 동굴에서 잠을 잔다. 이것을 겨울잠이라고 한다.

뱀, 개구리 등 대부분의 변온 동물은 겨울이 되면 땅속 깊이 들어가 겨울잠을 잔다. 정온 동물 중에서도 몇몇 동물들은 추위를 피해 겨울잠을 잔다. 겨울에는 먹을 것을 구하기도 힘들고, 체온을 유지하기도 힘들기 때문이다. 그래서 가을에 먹이를 많이 먹어서 몸에 영양분을 저장해 두고 겨울잠을 자는 동안 에너지로 쓴다. 곰, 박쥐, 다람쥐, 고슴도치 등이 겨울잠을 자는 정온 동물이다. 모든 곰이 겨울잠을 자는 것은 아니고, 겨울이 매우 추운 지방에 사는 반달가슴곰, 불곰 등이 겨울잠을 잔다.

그런데 정온 동물과 변온 동물은 겨울잠을 자는 방법이 조금 다르다. 정온 동물들은 깊지 않은 잠을 자며 자다가 잠시 깨기도 한다. 하지만 변온 동물은 정말 죽은 듯이 긴 잠을 잔다. 뱀이나 개구리 같은 변온 동물은 영하의 날씨가 되면 바로 얼어 죽는다. 그래서 온도 변화가 적은 깊은 땅속이나 동굴로 들어가 긴 겨울이 지날 때까지 죽은 듯이 잠을 자는 것이다.

하지만 박쥐, 다람쥐 등 정온 동물들은 겨울잠을 자다가 잠시 깨어서 먹이를 먹기도 한다. 다람쥐는 겨울잠을 자기 전에 도토리나 밤 같은 먹이를 저장해 두었다가 겨울에 먹는다. 주변에서 어떤 소리가 들리면 잠에서 깨어나 경계를 하고, 도망을 치기도 한다.

동물원에 사는 동물들은 겨울잠을 자지 않기도 한다. 사육사들이 날마다 충분히 먹이를 주기 때문이다.

3. 다윈 동물원

 오랜만에 비가 그쳤다. 날씨는 화창했고, 아침에 내린 비 때문에 바람마저 시원했다.
 수업이 끝나자 현수가 축구공을 들고 다가오며 말했다.
 "지동아, 축구하자! 4반이랑 햄버거 내기 하기로 했어!"
 "오늘은 안 되겠다. 난 바쁜 일이 있어서."
 "네가 제일 좋아하는 불고기 버거 내기라니까! 네가 빠지면 우리 반이 어떻게 이겨? 빨리 축구하고 싶어서 비가 그치기만 기다렸는데!"
 현수와 재철이가 내 앞을 가로막았다.
 "다른 친구랑 중요한 약속을 미리 해 놓았단 말이야. 미안!"
 나는 현수의 두 팔 밑을 슬쩍 빠져나와 복도를 달렸다.
 "다른 친구? 누구?"

등 뒤에서 현수가 외치는 소리가 들려왔지만 난 못 들은 척하고 계속 달렸다.

"코붕아!"

나는 코붕이를 부르며 집으로 한걸음에 내달렸다.

요즘 나는 수업이 끝나면 하루 종일 방에 틀어박혀 동물 가족들과 수다를 떤다. 동물들과 대화하는 것은 너무나 재미있었다. 축구와 비교할 수가 없었다.

비가 그치면 코붕이와 산책을 가기로 했다. 한 달째 집 안에 틀어박혀 있어 우울증에 걸릴 지경이라고 코붕이가 말했기 때문이다.

집 앞 골목에 들어서자 "컹컹!" 하고 개 짖는 소리가 났다. 코붕이가 내 발걸음 소리를 듣고 반가워서 벌써 짖고 있는 거였다. 코붕이는 내 모습을 보자마자 힘차게 달려왔다.

"한참 기다렸어! 왜 이렇게 늦게 온 거야?"

코붕이가 펄쩍펄쩍 뛰면서 안달을 했다. 나는 코붕이의 목걸이에 목줄

을 묶었다. 코붕이는 앞만 보고 달리기 시작했다. 꽤나 근질근질했던 모양이다.

코붕이는 힘이 셌다. 나는 끌려가다시피 코붕이를 쫓아 달려야 했다. 헉헉, 숨이 턱까지 차올랐다.

코붕이가 돌아보면서 말했다.

"목줄 좀 잡아당기지 마. 숨을 못 쉬겠어."

나는 숨을 몰아쉬며 대답했다.

"그러게 좀 천천히 가. 네가 너무 빨리 달리니까 그렇지."

"알았어. 나도 모르게 자꾸 달리게 돼. 너무 오랜만에 바깥에 나와서 흥분했나 봐."

코붕이는 속도를 줄이고 천천히 걷기 시작했다. 그러다가 냄새를 맡고 오줌을 쌌다.

"넌 왜 자꾸 오줌을 찔끔 싸는 거야? 더럽게."

"본능이라서 어쩔 수 없어. 개는 자기 영역을 표시해서 세력을 드러내 보이려는 습성이 있거든. 그래서 내가 사는 영역에 오줌을 싸서 냄새로 표시를 남기는 거야. 이곳은 내 영역이니까 조심하라고 알리는 거지."

그때 건너편에서 한 아주머니가 개와 함께 걸어오는 게 보였다. 하얀색 푸들이었다.

"오우! 멋진 아가씨네!"

코붕이는 서둘러 달려가더니 푸들 주변을 빙빙 돌았다. 덩치 큰 코붕이가 다가오자 아주머니와 푸들은 뒤로 물러나며 경계를 했다.

"괜찮아요. 우리 코붕이는 순해서 안 물어요."

그런데 코붕이가 푸들 뒤로 가서 민망한 짓을 하기 시작했다. 엉덩이 냄새를 맡기 시작한 것이다.

"어머! 얘가 지금 우리 포미에게 무슨 짓이야!"

아주머니가 발을 구르며 코붕이를 쫓으려고 했다. 푸들은 코붕이를 피해 아주머니를 맴돌았다. 나는 창피해서 코붕이의 목줄을 잡아당겼지만, 코붕이는 푸들의 엉덩이에서 코를 떼지 못하고 계속 킁킁거렸다.

"그만해! 그만하라니까!"

내가 소리치자, 그제야 코붕이는 정신이 돌아왔는지 나를 돌아봤다.

"어휴! 덩치는 송아지만 한 게 예쁜 건 알아가지고!"

아주머니는 푸들을 품에 안고는 서둘러 가 버렸다.

"왜 그랬어? 왜 다른 개만 보면 엉덩이 냄새를 맡는 거야? 엉덩이 냄새가 그렇게 좋아!"

나는 코붕이를 한 대 쥐어박으려다 말고 꾹 참았다.

"본능이라서 나도 어쩔 수 없다니까. 우리 개들은 냄새를 맡아서 서로를 살펴본단 말이야. 엉덩이 냄새를 맡으면 다른 개의 신분을 알아낼 수 있거든."

난 퉁명스럽게 말했다.

"그 본능 참 더럽네."

"그래도 개의 후각 능력은 사람과 비교할 수 없을 만큼 뛰어나. 냄새는 코 안에 있는 후각 세포가 맡는데, 사람의 코에는 500만 개의 후각 세포가 있지만 우리 개의 코에는 2억 2000만 개나 있어."

"어마어마하네!"

"그래서 사람들은 개를 마약이나 폭발물을 찾아내는 데 쓰고 있잖아. 이런 뛰어난 능력을 이용해 산에서 조난당한 사람을 찾기도 하고, 지진이 일어나 건물 밑에 파묻힌 사람도 찾는 거야. 우리가 얼마나 많은 사

람을 구해 냈는지 알면 깜짝 놀랄걸!"

"아! 그래서 개를 구조견으로 쓰는 거였구나."

나도 아는 척을 했다.

"그 정도가 아니지. 주인이 암에 걸리면 찾아내기도 해. 그래서 암세포를 찾아내는 데 개를 이용하는 방법을 연구하는 나라도 있어."

"와! 그건 거의 초능력 수준인데!"

"모든 개가 다 후각이 뛰어나지만 짧고 납작한 얼굴, 그러니까 사람의 얼굴을 닮은 개보다 나처럼 길고 깊은 주둥이를 가진 개의 후각 능력이 더 뛰어난 편이야. 특히 얼굴 주변에 주름이 많이 잡힌 개들은 공기 중에 있는 냄새를 주름에 가둘 수도 있어. 너희는 눈으로 세상을 보지만, 우리는 코로 세상을 보는 거야."

코붕이는 혀로 자신의 코를 핥았다. 나는 코붕이의 코를 자세히 살펴봤다. 촉촉하게 윤기가 흘렀다.

"그런데 왜 개는 항상 코가 촉촉하지?"

코붕이가 코를 들이밀며 말했다.

"코가 촉촉해야 냄새를 잘 맡거든. 공기 중의 냄새 성분이 코에 잘 붙기 때문이지. 개에게 열이 있으면 코가 마르고, 그러면 냄새를 잘 못 맡아. 코가 말라 있거나 물기가 너무 많으면 개는 아픈 거니까, 잘 알아 둬. 그리고 개의 코는 급소니까 누르거나 때리는 건 절대 하지 마. 엄청나게 예민하거든."

"알았어. 어쨌든 다른 개 엉덩이 냄새 맡는 건 제발 참아 줘."

코붕이와 이야기를 나누며 걷다 보니 어느새 아빠가 일하는 다윈 동물원까지 와 버렸다. 나는 입장권을 사지 않고 바로 입구로 향했다. 입구 옆에 연두색 모자를 쓴 할아버지가 꾸벅꾸벅 졸고 있었다. 동물원 관리인인 김 씨 할아버지였다. 오랜만에 뵈었더니 반가운 마음에 장난이 치고 싶었다.

"비상! 호랑이가 탈출했어요!"

할아버지의 귀에 대고 큰 소리로 외치자 할아버지는 깜짝 놀라 벌떡 일어났다.

"어이쿠, 깜짝이야!"

할아버지가 눈을 끔벅이며 날 쳐다봤다. 나는 헤헤헤 웃었다.

"요 녀석! 어른을 놀라게 하면 쓰나!"

할아버지가 나를 알아보고는 따라서 웃었다.

"지동이, 오랜만이구나. 아빠 만나러 왔니?"

"예. 오늘은 관람객 많아요?"

할아버지는 한숨을 가볍게 내쉬며 고개를 흔들었다.

"오늘 네가 첫 관람객이야."

나는 미안한 목소리로 말했다.

"전 공짜라서 진짜 관람객이 아닌걸요."

"그래도 네가 개시를 했으니까 오늘은 관람객이 더 들어오겠지. 재밌게 놀다 가렴."

나는 할아버지에게 인사를 하고 동물원으로 들어갔다. 구경꾼이 단 한 명도 없는 동물원은 허전하고 쓸쓸해 보였다. 가끔 새들이 우는 소리가 길게 울려 퍼졌다.

동물원 입구를 지나자 커다란 철판 위에 그린 그림지도가 세워져 있었다. 코붕이와 함께 그림지도를 유심히 보고 있는데 누군가 내 어깨에 손을 올렸다.

"어? 형!"

동물원 사육사인 현중이 형이었다.

"오랜만이구나! 잘 있었어?"

• 원래 동물원에는 반려동물 출입이 금지되어 있습니다. 이 책에서 코붕이가 동물원에 들어가는 것은 동화의 전개상 필요한 부분으로, 오해하지 않기를 바랍니다.

온대림
사계절이 뚜렷한 온대 지방의 삼림.

침엽수림
소나무, 전나무 같은 침엽수로 이루어진 삼림.
북쪽의 냉대 기후 지역에는 주로 침엽수림이 분포함.

너구리

늑대

토끼

큰뿔야생양

산악
높고 험준한 산들로 이루어진 지역.

사막여우

초원
풀로 덮인 넓은 평원.
열대의 사바나, 온대의 스텝과
프레리 등이 속함.

사자

표범

남극 지방
남극을 중심으로 한 주변 지역.

펭귄

현중이 형이 빙긋이 웃으며 인사했다. 현중이 형은 사료가 든 작은 외발 수레를 옆에 내려놓았다.

현중이 형은 작년에 사육사로 들어온 형이다. 군대를 막 제대하고 동물원에 들어와 사육사 중에서 가장 나이가 어린 막내였다. 형은 어렸을 때부터 동물 조련사가 되는 게 꿈이었다고 했다. 형에게 동물 이야기를 들을 때면 나는 시간 가는 줄 모를 정도로 즐거웠다.

코붕이도 현중이 형을 알아보고 벌떡 일어나 안겼다.

"어이쿠! 코붕이 많이 컸네!"

현중이 형이 코붕이의 턱을 만져 주었다. 코붕이는 기분이 좋은지 눈을 슬며시 감았다.

"이 그림지도를 보고 있으면 지구에 동물이 살지 않는 곳이 없는 것 같지 않니?"

"응! 지구 곳곳에 동물이 정말 많이 사는 것 같아. 그래도 지구에는 동물보다 식물이 더 많겠지?"

"종류로 따지면 동물이 더 많아. 지구에 사는 동물은 약 150만 종이나 된다고 해. 식물이 약 38만 종이니까 식물보다 동물의 종류가 훨씬 많은 거지."

"150만 종! 그렇구나!"

대답은 이렇게 했지만 얼마나 많은 것인지 잘 가늠이 되지 않았다.

"나도 동물에 대해 아는 게 있어. 식물은 움직이지 못하지만, 동물은 움직일 수 있잖아. 그래서 움직일 동(動), 동물이잖아!"

나는 형에게 아는 척을 했다. 어제 연구 노트에 쓴 내용을 바로 써먹을 줄이야!

"잘 아는구나. 그래서 동물은 먹이가 풍부하고 살기 좋은 곳으로 이동하면서 살 수 있어. 하지만 식물이 살 수 없는 곳은 동물도 살기 어려워. 동물과 식물을 비롯한 지구상의 모든 생물이 사는 곳을 '생물권'이라고 해. 생물권은 크게 바다와 육지로 나눌 수 있지."

"왜? 하늘도 있잖아. 새들이 사는 곳."

나는 하늘을 가리키며 물었다.

"하늘은 동물이 사는 곳은 아니고 활동하는 공간이야. 새들은 둥지를 육지에 만들잖아."

"아, 그렇구나!"

현중이 형이 외발 수레의 손잡이를 들고 끌었다. 코붕이와 나는 형을 따라 걸었다. 형이 말을 이었다.

"우리나라에도 약 3만 여 종의 동물이 살고 있다고 해. 식물은 약 8000종이 살고 있고."

"우리나라도 동물이 사는 곳에 따라 지역을 나눌 수 있어? 저 서식지 그림지도처럼?"

"우리나라는 면적이 넓지 않아 정확하게 구분하기는 어려워. 대략 높은 산악 지역과 낮은 지역으로 나누기도 하는데, 높은 산악 지역에는 멧돼지, 노루 등이 살고 낮은 지역과 강과 하천에는 고라니, 너구리 등이 살지. 북쪽에 있는 해발 1000m가 넘는 산악 지대에는 대륙사슴, 대륙멧돼지, 생토끼, 희시무르고슴도치 등이 살아."

"생토끼? 그런 토끼는 처음 들어 보는데?"

"기니피그 알지?"

"응, 요즘 반려동물로 많이 키우잖아."

"생토끼는 생김새가 기니피그랑 닮은 토끼야. 우는토끼라고도 불러. 높은 산속의 바위 근처나 나무 밑에 굴을 파고

살아."

 상상만 해도 귀여울 것 같아서 내 입은 한껏 벌어졌다.

 우리는 낙타 우리를 지나갔다. 낙타들이 모여 앉아 마른풀을 되새김질하고 있었다. 낙타를 보니 갑자기 궁금한 게 생각났다.

 "형, 궁금한 게 있는데, 낙타는 어떻게 사막에서 살 수 있는 거야?"

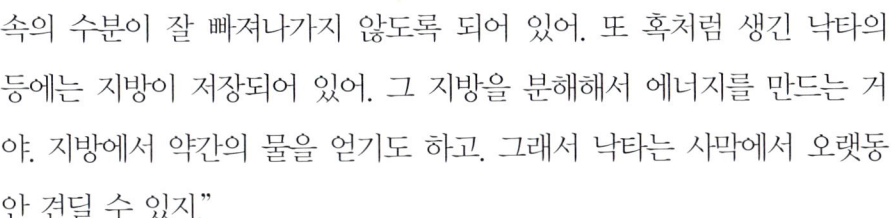

 "동물들 중에는 놀라운 능력을 갖고 있는 동물이 많아. 낙타도 그래. 낙타는 몸의 구조가 몸속의 수분이 잘 빠져나가지 않도록 되어 있어. 또 혹처럼 생긴 낙타의 등에는 지방이 저장되어 있어. 그 지방을 분해해서 에너지를 만드는 거야. 지방에서 약간의 물을 얻기도 하고. 그래서 낙타는 사막에서 오랫동안 견딜 수 있지."

 "그러면 펭귄은 어떻게 남극에서 살 수 있는 거야? 사람이라면 몇 시간도 못 견딜 추운 곳에서 어떻게 살아?"

 "펭귄은 차가운 얼음 위에서도 체온을 유지하려고 발의 동맥과 정맥이 열을 교환하는 구조로 돼 있어. 또 아랫배의 털이 발을 감싸서 따뜻하게 해 주지. 그리고 펭귄들은 무리 생활을 하는데, 서로 자리를 바꾸어 가면서 모여 서 있곤 해. 처음에는 바깥쪽에 서 있다가 차례차례 돌아가면서 안쪽으로 서는 거야. 그런 방식으로 빈틈없이 몸을 붙여서 서로의 체온으로 추위를 이겨 내는 거지."

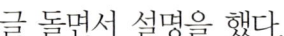

현중이 형이 펭귄처럼 제자리에서 빙글빙글 돌면서 설명을 했다. 남극의 풍경이 눈앞에 펼쳐지듯 떠올랐다.

"펭귄들은 서로 사이좋게 돕고 사는 거구나."

현중이 형의 외발 수레가 연못 근처에 멈췄다. 연못에서 놀던 오리들이 현중이 형을 알아보고 꽥꽥거리면서 달려왔다. 현중이 형은 수레에서 사료를 꺼내 오리들의 사료 통에 넣어 줬다. 뒤뚱거리는 오리들의 엉덩이가 귀여웠다.

오리들을 보니 또 궁금한 게 떠올랐다.

"오리들은 왜 부리로 자꾸 깃털을 비비는 거야? 간지러워서 그러나?"

"물 위에 잘 뜨려고 그러는 거야. 물 위에 잘 뜨려면 깃털이 물에 젖지 않아야 하니까. 오리의 꼬리에는 기름샘이 있어. 오리는 부리로 꼬리에 있는 기름을 묻혀서 깃털에 바르는 거야. 그러면 그 깃털은 물에 젖지 않거든."

"와, 신기해! 동물의 세계는 알면 알수록 신기해."

옆에서 코붕이가 살짝 내 귀에 대고 속삭였다.

"얼른 받아 적어. 엄마한테 오늘의 연구 노트를 보여 줘야지."

나는 가방에서 〈꼬마 동물학자의 연구 노트〉를 꺼냈다. 오늘 현중이 형에게 들은 이야기를 적어 놓기 위해서였다. 제목으로 '동물은 어디에 살까?'라고 크게 적었다.

꼬마 동물학자의 연구 노트

동물은 어디에 살까?

동물이 사는 곳

지구 어디에나 사람이 사는 것처럼 동물도 지구 곳곳에 널리 퍼져 살고 있다. 하지만 지구의 모든 곳이 사람이나 동물이 살기에 편안하고 좋은 것은 아니다. 어느 곳은 너무 춥고, 어느 곳은 너무 덥다.

동물들은 살고 있는 환경에 따라 생김새가 조금씩 다르기도 하다. 사막여우와 북극여우는 같은 여우이지만, 털 길이와 몸 색깔, 생김새가 다르다.

극지방에 사는 동물

사향소

지구의 양 끝인 북극과 남극 지역은 엄청나게 추운 곳이다. 북극은 최저 영하 71℃ 정도까지 내려가고, 남극은 최저 영하 89℃ 정도까지 내려간다고 한다.

이런 추위 속에서도 동물들이 살아간다는 것은 놀랍다. 열대 우림이나 초원 지역에 비해 아주 적은 수이긴 하지만, 극지방에는 생각보다 많은 동물들이 살고 있다.

극지방에 사는 동물은 추위에 잘 견디기 위해 털이 긴 경우가 많다. 북극에는 북극곰, 사향소, 북극여우 등이 살고 있다. 순록은 여름에 주로 이끼를 먹고 사는데, 북극 지역에 사는 사람들이 가축으로 키운다. 남극에는 펭귄, 바다코끼리 등이 산다.

극지방의 물속에는 바다표범이나 일각돌고래 등이 사는데, 추운 바닷속에서 잘 견디기 위해 지방이 많은 편이다. 차가운 물속에서 사는 물고기는 체액이 얼지 않도록 하는 부동 단백질이란 성분을 갖고 있다. 북극의 바다를 헤엄치는 하프물범은 피부 밑으로 두꺼운 지방층을 갖고 있다. 북극곰도 피부 밑으로 두꺼운 지방층이 있다. 남극에 사는 펭귄은 발바닥에 특수한 혈관이 있다. 이 혈관은 발바닥 온도를 적당하게 유지시켜 준다.

하프물범

온대림과 열대 우림, 초원에 사는 동물

온대림은 여름에 나무가 무성했다가 겨울이 되면 낙엽이 떨어지는 낙엽수림과, 겨울이어도 항상 푸른 나무가 많은 침엽수림이 포함된다. 여름과 겨울의 계절 변화가 있는 지역이어서, 동물들도 이런 기후 변화에 적응을 해서 살아간다. 추위에 강한 편이고, 겨울잠을 자는 동물도 있다. 사슴, 늑대, 호랑이, 곰 등이 온대림

악어

지역에 산다.

열대 우림은 1년 내내 덥고 습기가 많은 밀림 지역이다. 아프리카 동부나 아마존 열대 우림, 동남아시아 지역 등이 있다. 숲이 우거져 먹이가 풍부해서 다양하고 많은 동물이 산다. 사자 같은 맹수는 물론, 침팬지, 원숭이, 코브라 등이 살고, 강에는 악어가 산다.

아프리카에 있는 초원에는 풀밭이 넓게 펼쳐져 있기 때문에 많은 초식 동물들이 떼를 지어 산다. 얼룩말, 코끼리, 기린 등 풀을 먹고 사는 동물들이 많다. 초식 동물을 먹이로 삼는 육식 동물들도 많이 살고 있다. 사자, 표범 등이 먹고 남긴 동물 시체를 먹는 하이에나도 초원에 사는 동물이다.

기린

사막에 사는 동물

사막은 낮에는 기온이 높아서 몹시 덥고, 밤에는 기온이 급격하게 떨어져 몹시 춥다. 햇볕이 뜨겁고 비가 거의 오지 않아서 물이 아주 귀하다. 그래서 식물이 잘 자라지 못하며 동물도 살기 힘든 곳이다. 초원이나 열대 우림 지역에 비해 살고 있는 동물도 적다.

하지만 이런 곳에서도 동물들이 산다. 사막에 사는 동물로는 다람쥐, 사막꿩, 토끼, 사막여우, 도마뱀, 낙타, 지네, 거미 등이 있다.

사막에 사는 동물들은 주로 코와 귀 주위에 털이 많이 나 있다. 바람이 많이 부는 모래 지역이어서 몸에 모래가 들어갈 수 있는데, 이 털들이 모래를 막아 준다.

사막에서 낙타가 살 수 있는 것은 혹과 발가락과 눈썹과 콧구멍 때문이다. 낙타의 등에는 혹이 있는데, 지방이 저장되어 있어서 지방혹이라고 한다. 낙타는 등에 있는 지방을 분해해서 에너지와 약간의 물을 얻는다. 그래서 낙타는 사막에서 물과 먹이를 먹지 못해도 며칠 동안 버틸 수 있는 것이다. 혹이 한 개인 낙타는 단봉낙타, 혹이 두 개인 낙타는 쌍봉낙타라고 한다.

낙타는 발가락이 두 개이고 넓적하다. 그래서 모래에 발이 빠지지 않고 편하게 걸을 수 있다. 또 낙타는 눈썹이 길다. 그래서 모래바람이 불어도 눈에 먼지가 잘 들어가지 않는다. 또 콧구멍을 닫을 수 있어서 코로도 먼지가 들어가지 않고, 귀에는 털이 많아서 먼지가 들어가지 않게 막아 준다.

사막여우는 커다란 귀가 있어서 체온을 귀로 조절한다. 모래의 열기 때문에 화상을 입지 않도록 다리 아래에는 털이 나 있다. 사막의 야생 다람쥐는 커다란 꼬리를 양산처럼 써서 햇볕을 막는다. 사막꿩은 물을 찾으면 가슴 깃털에 물을 듬뿍 적셔서 새끼들에게 준다. 사막의 어떤 도마뱀들은 물을 마시지 않고 1년을 버틸 수 있다. 딱정벌레, 전갈 등은 물을 얻기 위해 공기 중의 수분을 흡수한다.

사막여우

바다에 사는 동물

바닷속에도 다양한 바다풀이 자라고 있고 수많은 종류의 동물들이 산다. 고래 등의 포유류, 어류, 소라, 조개 등의 연체동물, 자포동물, 편형동물 등 육지보다 훨씬 많은 종류의 동물이 바다에서 살고 있다.

식물처럼 생겼지만 산호는 동물이다. 자포동물로 분류된다. 작은 산호충이 모여 군체를 이루고 산다. 식물처럼 보이는 말미잘도 동물로, 바위에 붙어서 흔들리는 촉수로 먹이를 잡아먹고 산다. 해파리와 불가사리도 동물이다. 해파리는 콩알만큼 작은 것부터 책상만큼 큰 것까지 있는데, 주로 물속을 떠다니며 산다. 극피동물인 불가사리는 보통 다리가 다섯 개지만 50개가 넘는 것도 있다.

어류는 바다에 사는 바닷물고기와 민물에 사는 민물고기로 나눌 수 있다. 물론 바닷물과 민물 양쪽에 사는 물고기도 있지만, 많지는 않다. 물고기는 물속에서 숨을 쉬어야 하기 때문에 아가미를 갖고 있다. 아가미로 물속의 산소를 흡수한다. 어류는 물속에서 헤엄치기 좋도록 몸의 형태가 유선형인 경우가 많지만, 사는 환경에 따라 모양이 달라진 것도 많다.

고래는 바닷속에 살고 있지만 어류가 아니라 포유류다. 고래 중에서도 흰긴수염고래(대왕고래)는 세상에서 가장 큰 동물로 알려져 있다. 흰긴수염고래는 이빨 대신 수염으로 작은 새우를 걸러 먹고 산다. 물을 많이 들이마시고, 수염으로 새우를 걸러 낸 다음에 물을 뱉어 버린다. 고래는 포유류라서 물속에서 숨을 안 쉬고 계속 버틸 수가 없다. 그래서 숨을 쉬러 물 밖으로 나왔다가 다시 들어가곤 한다.

흰긴수염고래

한반도의 멸종 위기 동물들

수달

천연기념물 제330호

수달은 족제빗과의 동물로 몸길이는 최대 90cm이고, 몸무게는 5~14kg쯤 된다. 해안이나 강가, 저수지 근처에서 사는데, 주로 오염되지 않은 깨끗한 물을 찾아서 산다. 밤에 돌아다니면서 물속에서 먹이를 사냥한다. 강원도 화천군에는 수달 연구 센터가 있다. 화천군에서는 파로호 등에 수달 서식지를 복원하고 있다.

수달

붉은박쥐

천연기념물 제452호

오렌지빛이 나는 박쥐로, 오렌지윗수염박쥐 또는 황금박쥐라고도 부른다. 여름에는 대나무밭이나 무성한 수풀 등에서 쉬고, 겨울에는 동굴에 매달려 겨울잠을 잔다. 주로 곤충을 잡아먹는다. 강원도 인제군, 정선군,

붉은박쥐

홍천군, 충남 공주시, 충북 단양군, 영동군, 경남 통영시, 전남 함평군 등에서 살고 있다. 1999년 함평의 동굴에서는 160여 마리가 무리 지어 살고 있는 것이 발견됐다.

반달가슴곰

천연기념물 제329호

털은 검은색이며 가슴에 반달 모양의 흰무늬가 있어 반달가슴곰이라는 이름이 붙었다. 멸종 위기에 있는 것을 환경부와 국립 공원 공단이 '반달가슴곰 복원 사업'을 진행하면서 북한과 러시아 등에서 반달가슴곰을 들여와 지리산에 풀어 놓고 복원을 하고 있다. 북한에서는 용림큰곰과 관모봉큰곰이 천연기념물로 지정되어 있다.

반달가슴곰

이 곰들은 반달가슴곰과는 종이 다른 큰곰으로, 호랑이도 피할 만큼 무서운 곰이다. 큰곰들도 멸종 위기에 있어서 관심을 갖고 보호해야 한다.

쇠고래

쇠고래는 귀신처럼 불쑥 솟아 나온다고 해서 귀신고래라고도 한다. 몸은 전체적으로 검은 회색빛을 띠며, 따개비 등이 붙어서 자란 자국이 많아 얼룩덜룩하다. 쇠고래는 몸의 길이가 최대 16m이고 몸무게는 45t이다. 작은 새우와 플랑크톤 등을 먹고 산다. 임신 기간은 약 1년이고, 2년마다 새끼를 한 마리씩 낳는다. 여름에는 오호츠크해에서 먹이를 먹고, 겨울에는 우리나라 동해로 내려와 새끼를 낳고 기르다가 다시 봄이 되면 북쪽으로 올라간다. 이렇게 새끼를 낳기 위해 계절에 따라 한곳에서 다른 곳으로 옮겨 가는 것을 '회유'라고 한다. 울산 남구 장생포에 가면 쇠고래의 회유지인 '울산 귀신고래 회유 해면'이 있다. 이곳은 천연기념물 제126호로 지정되어 있다. 장생포에는 고래 박물관이 있어서 쇠고래의 모형을 볼 수 있다.

쇠고래

비무장 지대

한반도를 동서로 가로지르는 비무장 지대는 6·25 전쟁 이후 사람이 잘 들어갈 수 없게 됐다. 그래서 자연이 잘 보존되었고 야생 동물이 많이 살고 있다. 많은 천연기념물과 멸종 위기종, 보호 야생 동물이 살고 있으며 파충류, 조류, 포유류 등이 풍부하게 살고 있다.

비무장 지대에 살고 있는 멸종 위기종으로는 검독수리, 검은머리물떼새 등 조류를 비롯해 수달, 삵, 사향노루 같은 포유류, 구렁이, 수원청개구리, 금개구리 등 양서류와 파충류, 가시고기 같은 어류 등이 있다.

사향노루

4. 힘없는 호랑이의 고백

    뜨거운 햇볕이 쏟아졌다. 바람 한 점 없었다. 동물원의 콘크리트 바닥은 점점 더 뜨거워졌다. 후끈후끈 달아오른 더위에 동물들은 기운을 못 차렸다.
    코붕이가 혀를 반쯤 내민 채 헉헉거리며 말했다.
    "호랑이는 어디 있는 거야?"
    "호랑이는 왜?"
    "동물의 왕이라잖아. 얼마나 무서운지 한번 보고 싶어서."
    나는 코붕이와 함께 호랑이 우리 쪽으로 느릿느릿 걸어갔다. 철창으로 된 우리 안에 호랑이 한 마리가 누워 있었다. 호랑이는 바닥에 엎드린 채 꼼짝도 하지 않았다.
    내가 호랑이를 향해 말했다.

"호랑아, 일어나!"

코붕이가 힘없이 늘어진 호랑이를 비웃었다.

"저거 호랑이 맞아? 힘이 하나도 없이 축 늘어진 게 아주 큰 고양이 가죽 같은데!"

코붕이가 이번에는 약을 올렸다.

"어이, 호랑이 씨! 이빨 한번 보여 줘!"

그러자 호랑이가 간신히 고개를 들고 주변을 두리번거렸다.

"저리 가라, 귀찮다."

호랑이는 다시 쓰러졌다.

"코붕아, 그만 가자. 너무 더워서 움직이기 싫은가 봐."

"호랑이가 저러고 있으니 관람객이 없지. 관람객들을 위해서라도 뭔가를 보여 줘야 할 거 아니야! 우리 개들도 주인 앞에서 재롱을 피울 줄 아는데, 축 늘어진 호랑이는 아무짝에도 쓸모가 없다고. 고양이에 줄 그어 놓는 게 낫겠어. 쳇!"

코붕이는 계속 빈정거렸다. 그제야 호랑이가 자리에서 일어났다. 그러고는 철창 가까이 훌쩍 달려오더니 사납게 입을 벌렸다.

"크렁! 잡종 새야! 하룻강아지 범 무서운 줄 모른다더니! 그릉!"

겁먹은 코붕이가 움찔하면서 뒤로 물러났다.

"무서웠냐? 괜찮았어? 나 쓸 만했어?"

호랑이는 크크 웃더니 나를 가만히 바라봤다.

"어라? 넌 사람이잖아! 어떻게 동물과 말을 할 수 있지?"

"나도 모르게 그렇게 됐어. 기왕 일어난 김에 멋지게 울부짖어 봐!"

"더워 죽겠어. 귀찮아서 목소리도 안 나와."

호랑이는 다시 축 늘어지면서 말했다.

"꼬마야, 내 부탁 하나만 들어줄래?"

"뭔데? 풀어 달라는 것만 빼고는 다 들어줄게."

"시원한 목욕 좀 시켜 줘."

호랑이가 턱으로 소방 호스를 가리켰다.

"저기 있는 저 소방 호스로 우리 안에 물을 뿌려 줘."

어렵지 않은 부탁이었다. 나는 소방 호스를 끌어다 놓고 수도꼭지를 틀었다. 세찬 물줄기가 뿜어져 나왔다.

"우아! 시원하다, 시원해! 소나기가 내리는 것 같아!"

호랑이는 시원한 웅덩이에 들어가 물장구를 치며 즐거워했다.

"이제 정신이 좀 돌아와?"

"응! 아주 좋아!"

호랑이가 몸을 흔들어 물을 털면서 말했다. 나는 그런 호랑이가 문득 불쌍하게 느껴졌다.

"하루 종일 갇혀 있으니까 답답하지? 다시 산으로 돌아가고 싶지?"

"난 산에서 살아 본 적이 없어. 사냥하는 법도 몰라. 산에 가면 굶어 죽을걸. 내 고향은 중국이야. 나 중국어도 할 줄 안다."

호랑이는 코붕이를 바라보며 말했다.

"쩌러우스션머!"

"무슨 뜻이야?"

"이 고기는 무엇입니까?"

호랑이는 자기가 한 말에 자기가 웃겨서 바닥을 뒹굴었다. 코붕이가 머리를 흔들었다.

"아무래도 저 호랑이는 정신이 이상한가 봐. 오래 갇혀 있어서 머리가 돈 거야."

"크흐흐, 잡종 개야! 이래 봬도 난 생태계의 왕이야! 세상 모든 동물들이 내 앞에서 벌벌 떤단 말이야!"

호랑이는 또 한 번 으르렁거렸다. 코붕이는 "으흠." 하고 콧김을 내뿜으며 대꾸를 하지 않았다. 이제는 별로 무섭지 않은 모양이었다.

이번엔 내가 따지듯이 물었다.

"호랑이는 왜 다른 동물을 잡아먹고 살아야 해? 토끼나 사슴 같은 동물이 너한테 잡아먹힌다는 생각을 하면 불쌍해. 너도 풀을 뜯어 먹고 살면 좋잖아. 숲속이 평화로워질 거야."

"크하하하!"

호랑이는 또 한 번 바닥을 뒹굴더니 코를 실룩거리면서 웃었다.

"코끼리가 방귀 뀌는 소리만큼이나 어처구니가 없구나. 큰 동물이 작은 동물을 먹는다고 해서 나쁘다고 생각해서는 안 돼. 왜냐하면 그게 바

로 자연의 질서에 맞게 살아가는 거니까. 그게 바로 동물들의 생활 방식이고, '생태계'의 법칙이야."

내가 물었다.

"생태계?"

"생산자와 소비자, 분해자 그리고 또 뭐더라?"

코붕이가 끼어들었다.

"비생물 요소!"

"아, 맞다! 생물 요소인 생산자, 소비자, 분해자와 햇빛, 공기 물처럼 살아 있지 않은 비생물 요소로 이뤄진 게 바로 생태계야. 서로 먹고 먹히는 관계로 이루어져 있어. 어떤 동물도 이 생태계에서 벗어나 살 수 없어. 여기 동물원에 있는 동물들도 다 마찬가지야."

코붕이가 말했다.

"동물이라고 모두 먹고 먹히는 사이만 있는 것은 아니야. 우리 눈으로 보기에는 이해가 되지 않지만, 서로 도우면서 함께 사는 동물들도 있어. 이런 관계를 공생 관계라고 하는데, 한쪽은 먹이를 얻고 다른 한쪽은 필요한 것을 얻게 돼."

나는 호랑이에게 말했다.

"그러고 보니까 너도 공생 관계구나. 넌 동물원에서 사람들에게 구경을 시켜 주고, 동물원에서는 너에게 먹이를 주고 보살펴 주잖아."

"크흐흐, 네 말이 맞다."

코붕이가 빈정거렸다.

"호랑이는 공생하는 게 아니라 기생하는 거 아니야?"

"기생은 또 뭐야?"

내가 묻자 코붕이가 대답했다.

"기생은 한쪽은 이익을 보지만 다른 쪽은 손해를 보는 관계를 말해. 이익을 보는 쪽을 기생 생물이라고 하고, 손해를 보는 쪽을 숙주라고 해. 이나 벼룩, 진드기 같은 거 알지?"

"알아! 더러운 생물들이잖아."

"사람이나 동물 몸에 붙어사는 이나 벼룩 같은 동물이 기생 동물이야. 몸 안에 사는 회충, 편충 같은 기생충도 있지. 이런 기생 생물은 질병을 일으켜. 식물에 기생하는 생물도 있어. 진딧물, 깍지벌레 같은 거지."

호랑이가 큰 발로 철창을 후려쳤다.

"그래서 내가 동물원에서 기생한다는 거야?"

"기생이 아니면 뭐냐? 만날 축 늘어져서 먹을 거나 축내면서!"

코붕이가 물러서지 않았다. 난 둘을 말려야 했다.

"됐어! 그만해. 너희 말싸움도 지겹다. 호랑아, 내가 정말 궁금한 게 하나 있는데, 사자랑 호랑이랑 싸우면 누가 이겨?"

"그것도 몰라? 호랑이한테 물어보면 호랑이가 이긴다고 하고, 사자한테 물어보면 사자가 이긴다고 하지. 사람들은 참 쓸데없는 호기심이 많다니까."

호랑이가 콧잔등을 올리면서 피식 웃었다.

"사자랑 한번 붙어 보고 싶지 않아?"

"싸우긴 왜 싸우니? 난 사자가 좋아. 예쁜 사자 친구를 만나고 싶어. 내 친구 중에 사자랑 결혼한 호랑이도 있어. 그래서 새끼도 낳았어."

"그러면 반은 사자고, 반은 호랑이인 새끼가 나와?"

"물론이지! 머리는 사자고, 몸은 호랑이인 녀석을 낳았대. 사자처럼 갈기가 있고, 몸에는 호랑이 무늬가 있대. 아빠가 호랑이일 때는 타이곤이라고 하고, 아빠가 사자일 때에는 라이거라고 불러. 아, 그런데 다시 더워진다! 얼음 한 덩어리만 먹었으면!"

"호랑이가 얼음도 먹어?"

"너무 더우면 사육사 아저씨가 얼음 속에 넣은 닭고기를 갖다 주시거든. 그 맛이 얼마나 좋은지! 핥고 있으면 행복해져."

"알았어. 내가 부탁해 볼게. 우리 아빠가 사육사거든."

"고마워! 다음에 또 놀러 와. 잡종 개도 잘 가고."

나는 그늘이 진 나무 밑에 가서 잠시 숨을 돌렸다. 그런데 아빠는 대체 어디에 있는 걸까?

나는 연구 노트를 펼치고 '동물은 무엇을 먹고 살까?'라고 썼다. 그리고 차근차근 글을 써 내려갔다.

꼬마 동물학자의 연구 노트

동물은 무엇을 먹고 살까?

동물은 무엇을 먹을까?

    사람들은 채소도 먹고 고기도 먹는다. 하지만 대부분의 동물들은 편식을 하는 편이다. 풀을 먹는 동물들은 주로 풀만 먹고, 고기를 먹는 동물들은 고기를 많이 먹는다. 그래서 주로 무엇을 먹고 사느냐에 따라 동물을 나누기도 한다.

    육식 동물은 주로 고기를 먹는 동물이다. 자기보다 작거나 힘이 약한 동물을 잡아먹는다. 동물을 잡아먹기 위해 이빨이나 발톱이 발달했고, 행동이 빠르다. 호랑이, 사자, 표범 등이 포함되며, 독수리나 부엉이 같은 새들도 육식 동물이다.

육식 동물

    초식 동물은 풀이나 나뭇잎, 열매 같은 식물을 먹고 산다. 나뭇잎이나 풀에 많은 섬유소를 소화시키기 위해 위나 장이 발달해 있다. 주로 작거나 힘이 약한 동물이 많이 포함된다. 하지만 말이나 코끼리같이 덩치가 큰 동물 중에도 초식 동물이 있다. 소, 토끼, 기린, 코끼리, 다람쥐 등 많은 포유류가 초식 동물이며, 메뚜기 같은 곤충이나 식물의 씨앗을 먹는 새들도 초식 동물에 속한다.

    잡식 동물은 동물이나 풀, 열매 등을 가리지 않고 먹는 동물을 말한다. 사람을 비롯해 개, 고양이, 멧돼지 등이 잡식 동물이다.

초식 동물

잡식 동물

공생 관계와 기생 관계

동물이라고 항상 먹고 먹히는 관계만 있는 것은 아니다. 함께 살면서 도움을 주거나 다른 동물에게 얹혀서 사는 동물도 있다. 서로 도우면서 함께 사는 관계를 공생 관계, 다른 동물에 얹혀서 살면서 이익을 얻고 그 동물에게 피해를 주는 관계를 기생 관계라고 한다.

악어와 악어새는 공생 관계다. 악어가 입을 쩍 벌리고 있으면 악어새는 악어 이빨 사이에 낀 음식 찌꺼기를 먹는다. 악어는 이빨이 깨끗해지고, 악어새는 먹이를 얻는 것이다. 꽃과 나비도 공생 관계다. 나비는 꽃의 꿀을 먹고, 몸에 꽃가루를 묻혀 다른 꽃으로 날아간다. 나비는 먹이를 얻고, 꽃은 열매를 맺을 수 있다. 말미잘과 흰동가리도 그렇다. 흰동가리는 말미잘의 촉수에 사는데 말미잘의

악어와 악어새

말미잘과 흰동가리

촉수에는 독이 있다. 흰동가리는 이 독을 이길 수 있지만 다른 동물은 죽고 만다. 말미잘은 흰동가리에게 피난처를 제공해 주고, 흰동가리는 먹이를 유인해 준다. 말미잘은 가만히 있어도 흰동가리 덕분에 먹이를 풍족하게 먹을 수 있다.

기생 관계에 있는 대표적인 동물은 기생충이다. 기생충은 동물의 몸속에 살면서 양분을 빨아 먹는다. 또 벼룩이나 이 같은 벌레도 동물의 몸에 붙어사는 기생 동물이다. 기생 동물이 사는 동물의 몸을 숙주라고 한다. 기생 동물 중에는 숙주를 해치지 않는 종류도 있지만, 벼룩이나 촌충처럼 숙주에게 해를 입히는 동물도 있다.

이

먹이 사슬이란 무엇일까?

자연계의 생물들이 서로 먹고 먹히는 관계를 '먹이 사슬'이라고 한다. 스스로 영양분을 만들어 내서 살아갈 수 있는 생물을 생산자라고 하고, 스스로 영양분을 만들지 못하고 다른 것을 먹이로 삼는 생물을 소비자라고 한다. 생물 중에서 자기 스스로 먹이를 만들어 내는 것은 식물이다. 이 식물을 먹이로 초식 동물이 살아가게 되고, 초식 동물은 더 큰 다른 동물의 먹이가 된다.

생산자 광합성을 해서 영양분을 만들어 내고 다른 동물의 먹이가 되는 생물로, 주로 녹색 식물이다. 생산자는 먹이 사슬의 가장 아래쪽을 차지하면서, 먹이 사슬의 처음이 되는 중요한 생물이다.

1차 소비자 생산자가 만들어 낸 녹색 식물을 먹이로 하는 동물들이다. 생산자를 먹는 첫 소비자이면서, 다른 동물의 먹이가 된다. 기린, 코끼리, 영양, 토끼 등 많은 초식 동물이 1차 소비자에 포함된다.

2차 소비자 1차 소비자를 먹는 동물들로 대부분의 육식 동물이나 잡식 동물이 포함된다. 사람은 물론 개나 고양이, 호랑이, 사자도 여기에 속한다.

분해자 생물의 시체나 배설물을 분해하는 미생물들이다. 이 미생물들이 분해한 물질은 다시 생산자의 영양분이 된다. 각종 곰팡이나 세균 등이 포함된다.

이렇게 생산자부터 시작해서 분해자가 만든 무기물이 다시 생산자의 거름이 될 때까지, 자연의 생물들은 먹이 사슬로 연결되어 있다.

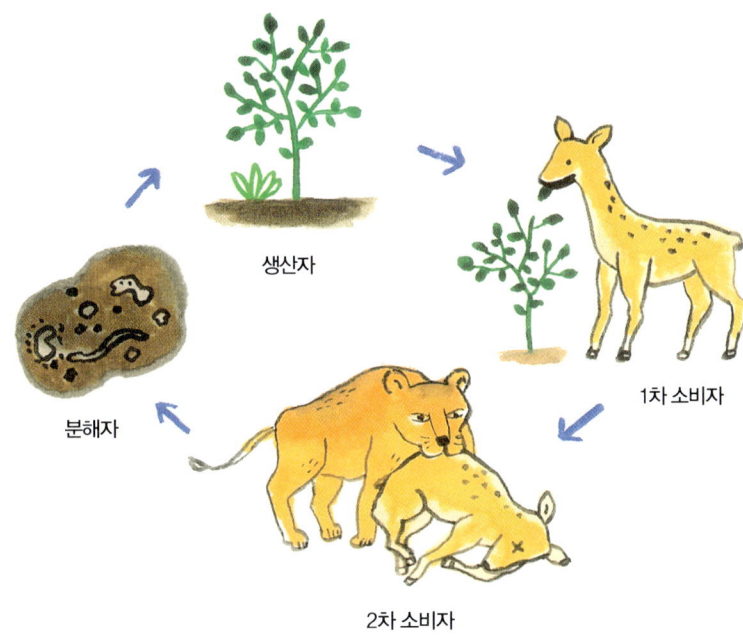

5. 반려동물 실종 사건

 호랑이와 헤어진 뒤 아빠를 찾아 동물원을 돌아다니다가 코끼리 우리 뒤에서 아빠를 발견했다. 아빠는 다른 사육사와 함께 조용히 얘기를 나누고 있었다. 등을 돌리고 앉은 아빠를 놀라게 하려고 나는 뒤에서 살금살금 조심스럽게 다가갔다.

 다른 사육사 아저씨가 아빠에게 물었다.

 "반장님, 많이 힘드시지요?"

 "어디 나만 힘든가. 다른 사육사들도 다들 힘들 거야."

 아빠의 목소리는 심각했다. 무거운 분위기에 나는 발걸음을 멈추고 나무 뒤에 숨었다.

 "벌써 석 달째 월급이 나오지 않으니까요. 저야 아직 결혼을 안 해서 견딜 만하지만, 반장님은 가족이 있으시잖아요. 집에서 생활하기 어렵다

고 하지 않으세요?"

"지동이 엄마가 속이 깊어서 말은 안 해. 그런데 요즘은 나 몰래 식당에 일을 하러 나가는 모양이야. 나도 마음이 어찌나 아픈지……. 아는 척을 하기가 어렵더군."

아빠의 목소리가 너무나 슬프게 들렸다. 요즘 엄마가 집을 자주 비우는 이유를 이제야 알게 되었다.

"동물원에 관람객이 이렇게 없으니 어쩔 수가 없지 않은가. 그렇다고 저 말 못하는 동물들을 내버려 두고 돈 벌겠다고 다른 일 찾아갈 수도 없고."

"맞습니다. 굶어도 동물들과 같이 굶고, 살아도 동물들과 같이 살아야지요. 가족 같은 생명들 아닙니까."

"동물들만 보면 나는 배가 고픈 줄도 모르겠어. 내가 다가가기만 하면 다들 어찌나 반가워하는지……. 힘을 내세! 좋은 날이 올 거야!"

"예, 반장님도 힘내세요!"

아빠와 사육사 아저씨는 손을 맞잡았다.

나는 뒷걸음질을 쳐서 몰래 빠져나왔다. 아빠에게 괜히 아는 척을 해서 아빠를 부끄럽게 만들고 싶지 않았다. 사람은 누구나 남에게 숨기고 싶은 비밀이 있는 것이라고 아빠가 말한 적이 있기 때문이다. 그런 비밀을 굳이 알려고 해서는 안 된다고 아빠는 말했다.

나는 코붕이와 함께 동물원을 나섰다. 해는 어느새 서산으로 기울고 있었다. 우리는 천천히 거리를 걸었다. 저녁노을을 바라보며 나는 우울한 표정이 되었다.

코붕이가 물었다.

"아빠 때문에 걱정돼서 그래?"

"그래, 내가 도와드리고 싶지만 어떻게 해야 할지 모르겠어. 내가 관람객을 모을 수 있는 것도 아니고, 테마파크에 가는 사람들을 막을 수 있는 것도 아니고……. 내가 돈을 벌 수 있으면 엄마 아빠에게 조금이나마 도움을 드릴 수 있을 텐데……."

코붕이와 나는 횡단보도를 건너려고 기다렸다. 그러다 우연히 가로등에 붙은 광고를 보게 됐다.

아기를 돌봐 드립니다.
안심하고 맡겨 주세요.
집에서 머물면서 우편물과
택배도 받아 드립니다.

010-48△△-32□□

"아기를 대신 돌봐 준다고?"

순간 아주 좋은 생각이 번개처럼 머리를 스쳤다.

"가만! 내가 반려동물을 대신 돌봐 주는 일을 하면

어떨까?"

"그거 좋은 생각인데! 넌 동물과 말이 통하니까 얼마든지 잘할 수 있을 거야."

코붕이도 꼬리를 흔들며 좋아했다.

"야호! 내가 반려동물 도우미가 되는 거야! 바로 이거였어!"

나는 코붕이를 얼싸안고 즐거워했다.

반려동물 도우미

가족처럼 아끼고 사랑하는 반려동물을 성심껏 맡아 드립니다!
집주인이 돌아올 때까지 우편물과 택배도 받아 드리며,
집도 지켜 드립니다.
안심하고 맡겨 주세요.
아기를 돌보듯 책임지고 돌봐 드리겠습니다.

010-23△△-58□□

집으로 가자마자 나는 컴퓨터에 앉아 자판을 두드렸다. 간단한 문구로 광고지를 만들어 프린터로 여러 장을 뽑았다. 그리고 코붕이와 함께 동네를 돌아다니며 광고지를 붙이기 시작했다. 발걸음이 어느 때보다 가벼웠다.

하지만 그날 밤이 늦도록 전화는 한 통도 오지 않았다. 나는 휴대 전화를 머리맡에 놓고 침대에 누웠다.

나는 광고지 붙이는 일을 도와준 코붕이를 쓰다듬으며 말했다.

"코붕아, 넌 정말 똑똑한 거 같아. 음식물 쓰레기통을 뒤지고, 똥오줌을 쌀 때에는 몰랐는데, 이렇게 말이 통하니까 보통 개가 아니라는 걸 알겠어. 넌 어떻게 하다가 길을 잃고 우리 집에 오게 된 거야?"

코붕이는 큰 눈동자로 나를 가만히 바라봤다.

"너희 집에 오기 전에 나는 동물 병원에서 태어나 오래 살았어. 그래서 동물들에 대해 많이 아는 거야. 나의 주인이 수의사였거든."

"아, 그랬구나. 그렇게 똑똑하면서 왜 너희 집을 찾아가지 못해? 내가 주인을 찾아 줄까?"

코붕이는 고개를 저었다.

"사실은 내가 살던 집이 어디인지 알아. 난 집을 못 찾는 게 아니야. 내 발로 집을 나온 거야."

"집을 나오다니? 가출한 거야?"

나는 침대에서 일어나며 물었다. 코붕이의 비밀을 처음 알게 되어서 놀란 것이다. 코붕이는 고개를 끄덕였다.

"내 주인은 동물 병원의 맘씨 좋은 수의사 할아버지였어. 우리 엄마는 떠돌이 개였는데, 할아버지가 데려다 키웠지. 그런데 엄마는 나를 낳고는 그만 목숨을 잃고 말았어. 아빠는 누군지 몰라. 다른 개들도 다들 그러니까. 그 뒤로 나는 수의사 할아버지랑 계속 같이 살았지."

"그랬구나. 수의사 할아버지는 어디 살아?"

코붕이는 잠시 말을 멈추고 가만히 누워만 있었다. 그러더니 조용히 말했다.

"돌아가셨어. 나는 너무 슬퍼서 동물 병원에 계속 있을 수가 없었어. 그래서 무조건 집을 나온 거야."

코붕이는 침대에 엎드린 채 더는 고개를 들지 않았다. 코붕이의 눈 주위로 눈물이 흘러내렸다. 나는 코붕이를 가만히 안았다. 우리는 침대 위에서 함께 잠들었다.

다음 날은 토요일이었다. 엄마와 아빠는 아침 일찍 일을 하러 나갔다.

나는 반려동물 도우미 광고지를 챙겼다. 광고지를 더 붙이려고 막 집을 나서려는데 휴대 전화가 울렸다.

"반려동물 도우미인가요?"

"네! 맞습니다!"

너무 반가웠던 나는 큰 소리로 대답했다. 상대방은 나이가 지긋한 어르신이었다.

"오늘 일을 해 줄 수 있나요?"

"물론입니다. 지금 당장 찾아가겠습니다."

코붕이도 반가워서 목줄을 물고 뛰어왔다. 하지만 나는 코붕이를 데려갈 수 없었다.

"널 데려가면 손님이 싫어하실 거야. 오늘은 좀 참아 줘."

코붕이는 쓸쓸한 얼굴로 바닥에 엎드렸다.

집에서 뛰어나온 나는 한걸음에 손님의 집으로 달려갔다. 턱수염이 하얀 할아버지가 문을 열어 주었다.

"이렇게 어린 친구인 줄 몰랐는걸."

할아버지는 약간 난처한 표정을 지었다.

"저는 동물에 대해 아주 잘 알아요. 오랫동안 길러 봤거든요. 저의 첫 손님이니까 특별히 할인해 드릴게요."

"알았다, 알았어. 한번 믿어 보마."

나는 할아버지를 따라 거실 한쪽으로 걸어갔다. 아주 커다란 유리 상자 안에 파충류가 있었다. 내 팔뚝만큼 큰 파충류였다.

 "내가 아프리카에서 가져온 귀한 파충류란다. 연구용으로 가져온 거라서 소중하게 보살펴야 하거든. 그런데 요즘 어디가 아픈지 통 먹지를 않는구나. 온도 조절계로 온도를 계속 확인해 주고, 시간에 맞춰 약이 든 먹이를 넣어 주면 돼. 오늘 저녁까지 보살펴 줄 수 있겠니?"

 "그럼요! 그쯤은 할 수 있어요."

 나는 자신 있게 말했다.

 할아버지는 서둘러 가방을 들고 나갔다. 나는 할아버지의 집에 홀로 남았다. 파충류에게 말을 걸었지만 한마디 대꾸도 없었다. 대화가 되지 않으니 딱히 할 일이 없었다. 소파에서 텔레비전을 보던 나는 깜빡 잠이

들고 말았다.

　정신을 차렸을 때에는 벌써 두 시간이 지난 뒤였다. 나는 할아버지가 시킨 대로 유리 상자의 온도 조절계를 확인한 뒤, 먹이를 주려고 했다. 그런데 파충류가 보이지 않았다.

　깜짝 놀란 나는 눈이 휘둥그레졌다. 방 안을 돌아다니고, 소파 밑을 들춰 보고, 책장 위를 살펴봤지만 파충류는 어디에서도 찾을 수 없었다. 정신이 아찔해지며 자꾸 오줌이 마려웠다.

　나는 코붕이를 불러와야겠다고 생각했다. 개의 코는 잃어버린 사람을 찾을 수 있다고 코붕이가 했던 말이 떠올랐기 때문이다. 코붕이라면 파충류를 찾을 수 있을 것 같았다.

　나는 서둘러 집으로 달려갔다.

　"코붕아, 큰일 났어!"

　코붕이가 침대 밑에 누워서 졸다가 기어 나왔다.

　"무슨 일이야?"

　"내가 사고를 쳤어! 반려동물을 잃어버리고 말았어! 주인이 아프리카에서 가져온 귀한 파충류인데 아무리 찾아도 없어!"

　코붕이와 함께 서둘러 할아버지의 집으로 달려갔다. 그리고 유리 상자를 가리켰다.

　"난 분명히 건드리지도 않았거든. 뚜껑도 열지 않았어. 그런데 감쪽같이 사라졌어."

　코붕이는 코를 킁킁거리며 방 안을 한 바퀴 돌았다. 그러고는 유리 상자 주변을 돌면서 냄새를 계속 맡았다.

코붕이가 말했다.

"별일 아니야. 찾았어."

"어디?"

"저기."

"어디 말이야?"

"저기!"

"내 눈에는 안 보여! 어디 있다는 거야? 놀리지 마!"

난 답답해서 가슴을 쳤다. 코붕이가 콧등으로 유리 상자 안의 어두컴컴한 구석에 있는 나무를 가리켰다. 나는 한참 동안 눈여겨 살펴봤다. 그제야 뭔가 보였다. 나무 위에 뭔가 죽은 듯이 앉아 있었나.

"저기였구나! 완전히 감쪽같이 숨어 있었네!"

나는 "휴." 하고 한숨을 내쉬었다. 그런데 파충류의 몸 색깔이 조금 이상했다.

"어? 아까는 푸른색이었는데 지금은 노란색이야! 색깔이 변했어! 다른 놈 아니야?"

"그게 아니야. 변신의 귀재라서 그래."

"변신의 귀재? 파충류가 변신을 한단 말이야?"

코붕이가 고개를 끄덕였다.

"저건 카멜레온이란 파충류야. 나무 위에 살면서 긴 혀로 순식간에 먹이를 잡아먹지. 카멜레온은 빨강, 노랑, 초록 등 몸 색깔을 자유자재로 바꾸는 걸로 유명해. 주변의 색과 같게 순식간에 색깔을 바꾸지."

"놀라운 동물이네! 어떻게 그럴 수 있지?"

나는 혀를 내둘렀다.

"내가 동물 병원에 살 때 카멜레온을 본 적이 있어. 그때도 카멜레온을 잃어버려서 한바탕 소동이 벌어졌었지. 그때 수의사 할아버지가 설명하는 걸 들었어. 카멜레온의 피부에는 여러 종류의 색소 세포가 있대. 이 색소 세포들은 주위 환경에 따라 커졌다가 작아졌다가 하면서 크기가 변한다고 해. 색소 세포의 크기가 변하면서 카멜레온의 몸 색깔도 변하는 거지."

"그런 거였구나!"

"카멜레온은 기분에 따라 몸 색깔이 바뀌기도 하고, 기온이나 햇빛에 따라서도 변한다고 해. 의사소통을 할 때도 바뀌고."

"카멜레온만 몸 색깔을 바꿀 수 있는 거야?"

"아니야, 몸 색깔을 바꿀 수 있는 동물은 아주 많아. 동물들에게는 자신의 몸을 지키는 일이 정말 중요하거든. 까딱 잘못하다가는 적에게 잡아먹히잖아? 그래서 적으로부터 몸을 지키려고 갖은 방법을 다 쓰지. 어떤 동물은 몸의 색깔을 바꾸고, 또 어떤 동물은 몸의 모양을 바꿔. 주변 환경과 비슷하게 몸 색깔을 바꾸는 것을 '보호색'이라고 해. 보호색은 적으로부터 자신을 보호하기 위해서도 쓰지만 자신이 포식자일 경우에는 먹이를 잡으려고 보호색을 띠기도 해."

"넌 동물의 보호색에 대해 어떻게 그렇게 잘 알아? 그것도 다 옛 주인에게 배운 거야?"

"아니야, 지난번에 텔레비전에서 봤어. 너도 만화 영화는 그만 보고 나처럼 동물 다큐멘터리를 즐겨 보란 말이야."

코붕이가 거들먹거렸다.

"재밌어! 신기해! 더 자세하게 말해 줘."

"곤충들은 대부분 보호색을 갖고 있어. 보호색은 사는 장소에 따라서도 달라. 풀밭에 사는 곤충은 대부분 초록빛을 띠고, 땅 위에 사는 곤충은 노랑이나 갈색, 검정색을 띠지. 물에 사는 어류도 보호색을 갖고 있어. 가자미는 물속에서 모래와 같은 회색으로 몸의 색깔을 바꾸지. 보호색을 잘 만들기로는 낙지와 오징어도 빼놓을 수 없어. 몸 색깔을 주위와 똑같이 바꿀 수 있거든. 낙지는 원래 회백색이야. 그런데 바위에 붙으면 금방 갈색으로 변해."

"물고기도 보호색을 가진다니 신기한데?"

"물고기뿐만 아니라 조류와 양서류도 보호색을 가져. 보호색을 띠는 대표적인 양서류가 청개구리야. 청개구리는 주변 상태에 따라 몸의 색깔을 초록색이나 갈색으로 바꿔. 또 두꺼비의 갈색도 보호색이야.

새들도 주변 환경과 비슷한 보호색을 갖고 있어. 꿩들은 숲속에 있으면 잘 보이지 않아. 여름에는 깃털이 갈색이었다가 하얀 눈으로 덮이는 겨울에는 하얀 깃털이 돋는 새도 있어. 뇌조가 그래."

"그러면 호랑이는 왜 얼룩무늬가 있는 거야? 이것도 보호색인가?"

"포유류의 보호색은 적의 눈에 띄지 않으려고 할 때에도 필요하지만 먹이를 잡을 때에도 필요해. 호랑이의 얼룩무늬는 풀숲에 몰래 숨어서 사냥을 할 때 필요하고, 사자의 갈색 털도 초원에서 잘 보이지 않게 하려고 필요한 거야."

"보호색도 정말 여러 가지구나. 만약 나한테 보호색이 있다면 투명 인간처럼 안 보일 텐데!"

나는 문득 재미있는 상상을 하게 됐다.

"내가 만약 보호색을 쓸 줄 안다면, 친구들한테 몰래 다가가 깜짝 놀라게 해 줄 수 있을 텐데! 학교에서는 선생님이 나를 못 찾아서 두리번거리겠지? 집에서 엄마가 혼내려고 할 때 방바닥에 가자미처럼 납작 엎드리면 못 찾을 거야. 청소 시간에는 교실 벽에 납작 붙어서 벽 색깔과 똑같이 변하면 친구들이 내가 어디 있는 줄 모를 테지."

생각만 해도 신이 났다. 나는 소파를 뒹굴면서 낄낄거렸다. 왜 사람에게는 보호색이 없는지 너무 아쉬웠다.

"보호색 말고 적에게서 자기 몸을 보호하는 다른 방법은 없어?"

"아주 많아. 보호색은 눈에 잘 보이지 않게 해서 몸을 보호하지만, 반대로 눈에 잘 보이는 강렬한 색을 띠어서 오히려 적을 겁먹게 하는 동물도 있어. 스컹크 같은 동물이지. 스컹크는 검은 바탕에 흰무늬가 눈에 잘 띄잖아? 자기가 악취를 내뿜는다는 걸 색으로 알려 주는 거야."

"으악, 생각만 해도 지독한 냄새가 나는 것 같다."

"또 무당벌레나 바구미 같은 동물은 다른 동물을 만나면 죽은 척해서 몸을 지키고, 도마뱀은 적을 만나면 자기 몸의 일부를 자르고 도망가는 동물이야. 전기가오리나 전기메기는 전기를 사용해 위기를 피하고, 방울뱀은 적을 위협해서 자기를 보호하지."

코붕이의 설명을 듣다 보니 동물들은 살아남으려고 온갖 방법을 다 쓴다는 걸 깨달았다.

"오늘은 연구 노트에 이 내용을 써야겠다. '동물은 어떻게 자기 몸을 지킬까?' 엄마가 내 연구 노트를 보면 깜짝 놀라실 것 같은데!"

꼬마 동물학자의 연구 노트

동물은 어떻게 자기 몸을 지킬까?

동물의 방어법

동물의 세계는 살벌하고 냉정하다. 힘이 없으면 힘센 동물에게 잡아먹힌다. 그래서 동물들은 상대가 강한지 약한지에 따라 공격을 하기도 하고, 적에게 들키지 않기 위해 변장을 하기도 한다.

공격 행동

적의 위협에 대항하거나 먹이를 얻기 위해 다른 동물을 공격하는 방법이다. 덩치가 크고 무기가 많은 동물뿐만 아니라 작고 약한 동물들도 자기만의 방법으로 다양하게 공격을 한다. 사슴이나 황소는 뿔을 이용하여 공격하고 고슴도치는 등을 덮은 가시털로 공격을 한다.

어떤 동물은 무기를 숨기고 있다가 적이 공격해 오면 드러내기도 한다. 가시복은 위협을 느끼면 몸을 공처럼 만든 후, 몸에 숨겨 놓았던 가시들을 모두 세운다. 목도리도마뱀은 위협을 느끼면 목 주변의 주름을 우산 모양으로 펼쳐 적을 위협한다.

전기뱀장어나 전기가오리 등은 강한 전기로 적을 공격한다. 평상시에는 약한 전기를 내보내다가 적이 공격하면 강한 전기를 내보내는 것이다.

가시를 세운 가시복

적으로부터 자신을 보호할 수 없을 때 독특하게 대응하는 동물도 있다. 도마뱀은 적에게 꼬리를 잡히면 꼬리를 끊고 달아난다. 이렇게 몸의 일부를 스스로 끊는 것을 '자절'이라고 한다.

도마뱀의 자절

보호색과 의태

작은 동물들은 주변이나 적으로부터 몸을 보호하기 위해 여러 가지 위장술(모습을 바꾸어 잘 찾지 못하도록 하는 것)을 쓴다. 주변의 나뭇가지랑 비슷하게 모양을 만들고, 나뭇잎과 똑같은 색으로 몸의 색깔을 바꾸기도 한다. 주변 환경과 비슷한 몸 색깔을 갖는 것을 보호색, 주변의 물체나 다른 동물과 비슷한 모양을 하고 있는 것을 의태라고 한다.

자벌레는 마치 나뭇가지처럼 길쭉한 모양을 하고 있어서 나무와 잘 구별되지 않는다. 으름덩굴큰나방은 낙엽처럼 보인다.

자벌레

동물은 왜 보호색을 갖고 있을까?

동물의 보호색은 생명을 지키기 위해 반드시 필요한 것이다. 적에게 잡아먹히지 않으려고 보호색을 띠기도 하고, 먹이를 잡아먹기 위해 보호색을 띠기도 한다.

동물들이 보호색을 지니고 있는 것은, 보호색이 없거나 부족했던 동물들은 살아남지 못했기 때문이다. 동물은 보호색이 발달하는 방향으로 진화해 왔다.

보호색은 주로 초식 동물에게 많이 나타난다. 육식 동물에게 잡아먹히지 않으려면 눈에 잘 띄지 않아야 하기 때문이다. 그러나 육식 동물도 잡아먹을 동물에게 들키지 않고 접근하기 위해 보호색을 띠기도 한다. 호랑이와 표범의 얼룩무늬는 숲속에 자기 몸을 잘 숨기고, 초식 동물의 눈을 혼란스럽게 만들기 위한 것이다.

대부분의 동물들은 일정한 보호색을 갖고 있지만, 주변 환경에 따라 보호색이 바뀌는 동물도 있다. 대표적인 동물이 피라미와 카멜레온이다. 이 동물들은 피부 안에 특별한 색소 세포가 있어서, 이 색소 세포를 이용해 몸의 빛깔을 바꾼다.

표범

군인들의 군복에 얼룩무늬가 있는 것도 보호색 효과를 이용한 것이다. 사막에서 전쟁할 때에는 모래 색깔과 비슷한 색의 군복을 입고, 숲에서 전쟁할 때에는 풀색 군복을 입는다. 잠수함은 깊은 바다 밑에서 눈에 잘 띄지 않게 어두운 색으로 만든다.

물속 동물들의 보호색

물고기도 보호색으로 자신을 보호한다. 산호초 사이에 사는 물고기는 몸 색깔이 산호초를 닮았고, 깊은 바다에 사는 물고기는 몸 색깔이 어둡다.

그런데 물고기들은 대부분 등이 푸른색이고 배는 은백색이다. 왜 그럴까? 물고기들은 대부분 하늘에서 새들의 공격을 받고, 바다 밑에서 큰 물고기의 공격을 받는다. 그런데 등이 푸르면 하늘에서 새들이 내려다볼 때 바다 색깔처럼 보이기 때문에 잘 안 보이고, 또 배가 은백색이면 바다 밑에서 큰 물고기들이 올려다볼 때 햇빛을 받아 반짝이는 수면처럼 보이기 때문에 몸을 보호할 수 있다. 그런데 갈치는 몸 전체

가 은백색이다. 갈치는 육지에서 멀리 떨어진 먼바다에 살아서 새들의 공격을 받지 않아, 등 색깔이 푸를 필요가 없기 때문이다. 은백색이라야 바다 밑 큰 물고기들에게 들키지 않는다.

　가자미와 넙치는 바다 밑바닥에 산다. 그래서 모래 바닥 같은 색으로 등의 색이 변한다. 위장술을 쓰는 것이다.

위협색과 경계색

　보호색이나 의태로 몸을 숨기기도 하지만, 좀 더 적극적으로 자기 몸을 방어하는 동물들도 있다. 이상한 모양으로 변해 버리거나, 아니면 독을 잔뜩 품고 도드라진 색으로 경고를 보내기도 한다.

　물결나비는 날개에 눈알 무늬가 있다. 적이 다가오면 이 눈알 무늬를 보여 위협해서 물리친다. 이런 것을 위협색이라고 한다. 무당벌레는 빨간 바탕에 검정 점무늬가 있다. 이것은 예쁘게 보이기 위한 것이 아니라 '나는 고약한 맛이 난다'고 경고하는 것이다. 주로 맛이 없거나 독성이 강한 동물들이 이런 경계색을 띤다. 한번 이런 동물을 잡아먹어 본 포식자는 다시 그 동물을 잡아먹지 않는다.

물결나비

무당벌레

6. 다원 동물원 구출 작전

여름 방학이 일주일 앞으로 다가왔다. 반려동물 도우미를 찾는 손님들이 늘기 시작했다. 아직 세 명뿐이지만, 태어나서 처음으로 내 손으로 돈을 버는 것이 자랑스러웠고 자신감이 차올랐다.

새로운 일은 한 살도 안 된 작은 포메라니안을 산책시키는 일과 몰티즈를 목욕시키는 일이었다.

학교에서 돌아오자마자 나는 포메라니안과 코붕이를 데리고 산책을 나섰다. 우리는 걸어서 30분쯤 걸리는 다원 동물원까지 갔다 오기로 했다. 포메라니안이 너무 작아서 절반은 품에 안고 걸어야 했다.

동물원에는 여전히 관람객이 별로 없었다. 할아버지와 함께 온 작은 여자아이만 있을 뿐이었다. 여자아이는 호랑이 우리를 들여다보고 있었다. 호랑이는 예전과 똑같이 축 늘어져 있었다. 여자아이가 할아버지에게 말했다.

"동물원은 재미가 없어."

할아버지가 말했다.

"자세히 봐. 저 호랑이 멋지지 않아?"

"하나도 안 멋있어. 움직이지를 않잖아. 북극곰도 이상하고, 코끼리도 이상해. 하는 짓이 다 이상해."

여자아이가 칭얼거렸다.

"놀이공원에 가서 놀이 기구 타고 싶어. 동물원은 싫어."

할아버지는 여자아이를 업고 동물원 입구 쪽으로 걸어갔다. 나는 답답한 마음에 호랑이를 불렀다. 호랑이는 꼼짝하기 싫은지 고개도 돌리지 않았다. 코붕이가 옆에서 "저 바보 멍텅구리 호랑이 녀석."이라고 중얼거렸다.

"지동이 왔구나!"

아빠가 나를 보고는 소리쳤다. 아빠는 외발 수레에 코끼리 똥을 잔뜩 싣고 있었다. 옷에도 코끼리 똥이 잔뜩 묻어 있었지만, 아빠는 싫은 기색이 없었다.

나는 답답한 표정을 지으며 말했다.

"동물들이 잘 놀지 않으니까 관람객들이 안 오나 봐요."

"답답한 건 동물들도 마찬가지야. 관람객도 그렇지만 아빠는 동물들이 너무 불쌍하구나. 저 북극곰을 보렴."

아빠가 가리킨 북극곰은 계속 머리를 좌우로 흔들고 있었다. 그 옆에 있는 코끼리는 코를 계속 들었다가 놓았다 하는 행동을 반복했다.

내가 물었다.

"왜 저러는 거예요? 꼭 춤을 추는 거 같아요."

"스트레스를 너무 받아서 그래."

"스트레스요?"

"사람도 스트레스를 많이 받거나 할 일이 없으면 자기도 모르게 다리를 흔들고 손가락으로 책상을 두드리잖아. 동물도 마찬가지야. 스트레스를 너무 받아서 비정상적인 행동을 하는 거야. 저런 반복적인 행동을 정형 행동이라고 해. 시멘트 바닥의 감옥 같은 우리에 하루 종일 갇혀 있어서 저렇게 스트레스가 심해진 거야. 저러다 동물들이 미치지나 않을까 걱정이 된단다."

아빠가 안타까운 목소리로 말했다.

나는 포메라니안과 코붕이를 동물원 사무실에 잠시 맡기고 아빠와 함께 펭귄들이 사는 우리로 향했다. 아빠의 일을 조금이나마 돕고 싶었다. 무더위 때문에 펭귄들은 기운이 없어 보였다. 아빠는 커다란 얼음덩어리를 외발 수레에 싣고 와 펭귄들의 풀장에 넣어 주었다. 펭귄들이 신이 나서 풀장 안으로 첨벙첨벙 뛰어들었다.

아빠와 나는 플라스틱 솔을 들고 펭귄 우리를 닦기 시작했다. 온몸이 금방 땀으로 범벅이 됐다.

나는 이마로 흐르는 땀을 닦으며 물었다.

"아빠, 관람객이 다시 많아질 수 있는 방법은 없을까요?"

"아빠도 연구했지만, 지금으로서는 뾰족한 방법이 없구나. 곧 여름 방학이 다가올 텐데, 어린이들이 많이 찾아오면 좋으련만."

아빠는 그렇게 말했지만, 아빠의 얼굴은 그다지 밝지 않았다.

그런데 아까부터 펭귄들이 뒤뚱거리며 내 뒤를 졸졸 따라다녔다. 게다가 뭔가 할 말이 있다는 듯이 내 얼굴을 자꾸 쳐다봤다.

청소를 마치고 아빠는 허리를 펴면서 가볍게 한숨을 쉬었다.

"휴, 이제 다 끝났구나. 이번에는 물새 우리에 가 봐야 해. 아빠랑 같이 가 볼래?"

나는 물새 우리에 가고 싶었지만 펭귄들이 자꾸 고개를 흔들면서 내 주변을 맴돌았다.

"아빠 먼저 가세요. 저는 펭귄들하고 조금 놀고 싶어요."

펭귄들이 고개를 끄덕였다.

"그래라. 문 잠그는 것 잊지 말고."

아빠가 사라지자 펭귄들이 우르르 내 주변으로 몰려들었다.

"너 동물이랑 말한다면서?"

"신기하다! 사람은 다 바통인 줄 알았는데 동물이랑 말도 하네!"

펭귄들이 날개를 퍼덕이면서 꺽꺽거리며 웃었다. 난 펭귄들에게 따지듯이 물었다.

"왜 자꾸 날 쫓아다닌 거야? 무슨 할 말이라도 있어?"

대장 펭귄이 거만한 자세로 배를 내밀면서 말했다.

"동물원에 관람객이 없어서 고민이 많지 않아?"

"그래, 이러다가는 동물원 문을 닫을지도 몰라. 우리 아빠는 월급도 못 받고 너희를 돌보고 계신다고."

나는 시무룩한 표정으로 계단에 주저앉았다.

대장 펭귄이 말했다.

"그래서 말인데, 우리가 작전을 짰어!"

"무슨 작전?"

"다윈 동물원 구출 작전!"

난 눈을 깜박거리며 펭귄들을 바라봤다.

"우리 작전을 들어 볼래?"

대장 펭귄의 말에 다른 펭귄들이 합창을 했다.

"들어 봐! 들어 봐! 들어 봐!"

"손해 볼 건 없으니까 들어 보지 뭐. 괜히 놀리지는 말고."
"하늘을 나는 동물원을 만드는 거야!"
"동물원이 하늘을 날아?"
내 목소리가 커졌다.
"동물원이 나는 게 아니라 동물들이 하늘을 나는 거야. 그러면 관람객들이 정말 많이 올 것 같아."
"너희가 하늘을 난단 말이야? 펭귄들이? 그 짧은 날개로 퍼덕거리면서 난다고?"
난 웃음이 나서 견딜 수가 없었다. 허리를 꺾고 웃었다.
"우리 말을 못 믿네. 사람은 역시 바통이야."
"그래, 바통은 역시 못 말려."
펭귄들이 부리를 흔들며 빈정거렸다.
"우리 말을 끝까지 들어 봐. 우리가 노는 풀장 밑을 유리로 만들고 풀장 밑에 큰 터널을 뚫는 거야. 거기서 관람객들이 머리 위로 우리가 수영하는 모습을 볼 수 있게 말이야. 그러면 펭귄들이 하늘을 날아다닌다는 착각을 하지 않겠어?"
"어? 정말? 정말이네!"
난 눈이 동그래졌다.
"북극곰이 노는 풀장도 그렇게 만들고, 물개가 노는 풀장도 그렇게 만드는 거야. 그러면 다윈 동물원은……"
"하늘을 나는 동물원이 되는 거구나!"
"맞았어! 우헤헤헤!"

펭귄들은 신이 나서 양쪽 날개를 푸드덕거렸다.

"우아! 정말 좋은 생각이야!"

나도 신이 나서 펭귄처럼 두 팔을 푸드덕거렸다. 대장 펭귄이 고개를 끄덕이며 나를 칭찬했다.

"우리 말을 이제야 알아듣는구나. 넌 바통치고는 머리가 좋은데?"

"그런데 동물들이 잘 놀지 않으면 어떻게 하지? 동물들이 움직이지 않아서 관람객들이 재미가 없다고 그러던걸."

나는 아까 할아버지와 함께 온 여자아이를 떠올리며 말했다.

"그건 우리 동물들 잘못이 아니야. 사람들 잘못이지."

"사람들 잘못이라니?"

"동물원은 동물을 전시하는 곳이 아니야. 동물들이 행복하고 안전하게 살 수 있는 곳이지. 그런데 사람들은 동물들을 우리에 가둬 놓고 전시하려고만 하잖아. 그래서 우리가 슬프고 괴로워서 움직이지 않는 거라고."

"그런 거였구나!"

나는 고개를 끄덕였다.

"지동아, 넌 동물들과 말을 할 줄 아니까 다른 동물들의 말을 들어 봐. 답답한 점, 괴로운 점을 하나씩 해결해 준다면 동물들도 행복하고 활기차게 지낼 수 있을 거야. 그러면 발길을 끊은 관람객들도 다시 찾아올 거야."

펭귄들이 날개를 흔들며 합창했다.

"그래! 그래! 그래!"

"좋았어! 당장 해 보자! 다윈 동물원 구출 작전!"

나는 서둘러 펭귄 우리를 나왔다. 그리고 연구 노트를 들고 동물원을 돌기 시작했다. 큰 물새장에서 시작해 파충류관, 사자 우리와 호랑이 우리, 해양 동물관, 원숭이관까지 빠짐없이 돌아다녔다.

동물들은 처음에는 내 말을 믿어 주지 않았지만, 동물원의 위기를 얘기해 주자 적극적으로 속마음을 털어놓기 시작했다.

"우리 물새들은 말이지. 큰 물새장에 냇물을 끌어와 주었으면 좋겠어. 그러면 물이 고이지 않고 언제나 깨끗한 물이 흐르잖아. 그리고 물새장 높이가 너무 낮아. 지금보다 열 배쯤 더 크고 높게 만들어 주면 좋겠어. 습지도 있었으면 좋겠고. 그러면 물새들이 마음껏 날면서 자연에서처럼 살 수 있을 거야."

나는 연구 노트에 그림을 그려 넣으면서 꼼꼼하게 받아 적었다.

파충류들에게도 좋은 계획이 있었다.

"인공 온실은 너무 갑갑해. 우리 파충류들은 말이야. 사막과 밀림을 좋아해. 그러니까 열대 기후의 밀림처럼 만들어 주고, 사막도 만들어 줘. 그럼 관람객들도 좋아할 거야. 색다른 기후에 들어오면 모험을 즐기는 기분이 들 테니까."

젊은 암사자는 꿈을 꾸는 듯한 표정으로 말했다.

"아, 사바나! 드넓은 아프리카의 초원! 물론 뭐, 난 한 번도 가 본 적이 없지만, '여기가 사바나라면 얼마나 좋을까?'라는 상상을 해 본 적은 있지. 이렇게 딱딱한 시멘트와 철창으로 우리를 만들지 말고, 사파리로 넓게, 아주 넓게 만드는 거야. 관람객들은 사파리 위에 놓인 하늘 다리를 건너면서 아래를 내려다보는 거야! 정말 짜릿하지 않겠어? 그리고 먹이는 살아 있는 걸로 부탁해. 내가 직접 멋지게 사냥하는 모습을 관람객들에게 보여 줄게. 너무 잔인할까? 먹지는 않을 테니까 걱정 마. 사실은 살아 있는 건 한 번도 먹어 본 적이 없어서 먹지도 못해."

해양 동물관의 돌고래는 잔뜩 기대에 찬 목소리였다.

"해양 동물은 바다에서 살아야지. 바다가 없는데 해양 동물이 어떻게 행복해지겠어?

아주 큰 수족관을 만들어 줘. 바닷물도 넣어 주고. 참! 상어는 다른 곳으로 옮겨 줘. 성격이 더럽고 신경질을 자꾸 부려서 같이 못 살겠어."

많은 동물들의 이야기를 듣는 것은 보통 힘든 일이 아니었다. 하지만 내 마음은 어느 때보다 두근거렸다. 이 작전대로 한다면 관람객들이 꼭 다시 찾아올 것 같았다.

나는 서둘러 아빠를 찾았다. 내가 준비한 작전을 한시라도 빨리 들려주고 싶었기 때문이다. 아빠는 본관 건물의 회의장에 있었다. 나는 조심스럽게 문을 열고 회의장으로 들어갔다. 동물원의 사육사들이 모두 모여 있었다.

나는 아빠의 귀에 내고 속삭였다.

"무슨 일이에요?"

"오늘 긴급 회의를 하기로 했어. 이대로 가다가는 동물원이 문을 닫을 수도 있어서, 사육사들이 모여서 대책을 마련하기로 했단다."

회의장의 분위기는 몹시 무거웠다. 모두들 얼굴이 딱딱한 빵처럼 굳어 있었다. 특별한 의견도 나오지 않았다.

그때 사회를 보던 현중이 형이 예상하지 못했던 의견을 꺼냈다.

"여러분, 우리의 생각만으로는 부족한 것 같습니다. 관람객의 솔직한 이야기를 들어 보는 게 어떻겠습니까?"

"관람객? 누구요?"

현중이 형이 갑자기 나를 가리켰다.

"저기 있잖아요. 지동이요."

사육사들이 모두 동시에 나를 쳐다봤다. 누군가 그 말에 찬성한다는 듯 말했다.

"동물원의 진짜 관람객은 어린이지. 우리 지동이 의견을 한번 들어 봅시다."

현중이 형이 물었다.

"지동아, 네가 만약 사육사라면 어떤 동물원을 만들겠니?"

내가 머뭇거리자 아빠가 해 보라고 거들었다. 나는 조심스럽게 말문을 열었다.

"저는…… 하늘을 나는 동물원을 만들고 싶어요."

"하늘을 나는 동물원?"

사육사들은 얼떨떨한 표정을 지었다.

"저는 물개도 하늘을 날고, 펭귄도 하늘을 날고, 북극곰도 하늘을 나는 동물원을 만들고 싶어요. 그러면 사람들이 신기해서 구경하러 올 것 같아요."

잠시 동안 사육사들은 아무 말도 하지 않았다. 모두 어이가 없다는 표정이었다. 현중이 형이 말했다.

"그러니까 네 말은 쇼를 하자는 거니? 그건 서커스잖아."

"그래, 우리는 동물 서커스단이 아니야. 하늘을 나는 동물 쇼를 보여 줄 수는 없어. 지동이는 아직 아이라서 잘 모르나 봐."

다들 고개를 돌렸다. 나는 다시 힘을 주어 말했다.

"제 말은 그게 아니라, 동물들이 하늘을 나는 것처럼 보여 줄 수 있다는 거예요. 펭귄 풀장 밑을 유리로 만들고, 그 밑에 터널을 뚫으면 헤엄치는 펭귄들이 마치 하늘을 나는 것처럼 보이잖아요. 물개 풀장, 북극곰

풀장도 그렇게 만드는 거예요."

회의장에는 다시 침묵이 흘렀다.

갑자기 누군가 소리쳤다.

"좋은 생각이야!"

다른 사육사가 기쁜 목소리로 소리쳤다.

"어떻게 그런 생각을 했지?"

나는 얼굴이 빨갛게 달아올랐다. 가슴이 쿵쿵 소리 나게 뛰었다. 나는 자신감을 갖고 마음속에 품고 있던 얘기를 계속했다.

"오늘 저는 북극곰과 코끼리가 이상한 행동을 하는 걸 봤어요. 너무 심한 스트레스에 빠지면 동물들은 비정상적인 정형 행동을 한다고 해요. 관람객들은 동물들의 비참한 모습을 보고 싶어 하지 않아요. 철창 너머의 시멘트 바닥에서 사는 동물이 아니라, 원숭이는 나무를 타고 놀고, 치타는 마음껏 뛸 수 있는 환경을 꾸며 주고 싶어요. 동물이 행복한 동물원으로 만들고 싶어요. 동물들이 우리에 갇혀 답답하게 사는 게 아니라 행복을 느끼면서 살고, 동물과 사람이 함께하는 동물원 말이에요."

"와! 바로 저거였어!"

사육사들의 감탄과 박수 소리가 쏟아졌다. 앞자리에 앉은 사육사 누나가 활짝 웃는 얼굴로 말했다.

"맞아요! 지동이 생각이 다원 동물원이 가야 할 길이에요!"

아빠도 자리에서 일어나 앞으로 나섰다.

"그렇습니다. 소나 돼지는 가축이니까 생산을 목적으로 기릅니다. 하지만 동물원의 동물은 자연스럽게 놀고 움직이는 걸 보여 주기 위해 기르는 것입니다. 야생 동물은 야생 동물답게 행동하는 모습을 보여 줘야 합니다. 관람객들이 원하는 건 바로 그것입니다!"

"그래요!"

사육사들의 박수 소리가 계속 터져 나왔다. 내 심장은 뛰었고, 내 마음은 구름처럼 가벼웠다.

집으로 가는 길에 아빠가 말했다.

"어떻게 그런 계획을 세웠지? 수십 년씩 일을 한 사육사들도 못 세운 계획을 네가 세우다니!"

아빠는 여전히 놀란 표정이었다.

"동물들의 마음을 아니까요."

"넌 마치 동물들과 대화라도 한 것 같구나. 아빠도 가끔 동물들과 대화를 하지. 그러면 동물들이 무슨 생각을 하는지 알 수 있어."

나는 깜짝 놀라 물었다.

"아빠도 동물이랑 대화를 해요?"

"하하하! 사람은 말을 하거나 글로 자기 생각을 표현할 수 있잖아. 동물도 자기들만의 대화법이 있어. 소리나 냄새, 몸짓으로 대화를 해. 늑대는 대장 늑대 한 마리가 전체 무리를 이끌거든. 그래서 여러 가지 소리로 말을 해. 위험하다는 경고를 하기도 하고, 부하들에게 복종하라고 으르렁거리기도 하지. 돌고래도 휘파람 소리로 대화를 하지. 새들은 소리를 내거나 몸짓으로 대화를 해. 적이 다가오면 도망치라고 소리를 내기도 하고, 마음에 드는 암컷에게 구애를 할 때 춤을 추기도 한단다."

"아하, 그래서 아빠가 동물들의 상태를 잘 파악하는 거구나."

나는 고개를 끄덕였다.

"곤충도 대화를 해. 개미와 벌이 대표적이지. 개미는 페로몬이라는 물질로 서로 대화를 한단다. 개미들을 자세히 살펴봐. 서로 만나면 더듬이로 더듬잖아. 그게 페로몬 냄새를 맡으면서 대화를 하는 거야. 먹이의 위치도 알려 주고, 적이 어디에 있는지도 알려 주는 거지. 벌들은 춤으로 대화를 해. 먹이가 가까이 있으면 빙빙 돌면서 둥글게 춤을 추고, 먹이가 멀리 떨어져 있으면 8 자 춤을 춰."

"벌이 춤을 추는 걸 보면 꿀이 어디 있는지 알겠어요!"

나는 신기해서 입을 크게 벌리고 웃었다.

"오늘은 아빠가 말해 준 동물의 대화법을 연구 노트에 적어야겠어요. 엄마가 보면 깜짝 놀라겠지요?"

"엄마는 네가 오늘 회의장에서 했던 말을 들으면 더 놀랄 거야. 아빠도 아직 어안이 벙벙하구나."

거리에서 나는 아빠와 함께 한참 웃었다. 코붕이가 꼬리를 흔들며 덩달아 웃었다.

꼬마 동물학자의 연구 노트

동물은 어떻게 대화할까?

동물의 대화법

동물 다큐멘터리를 보면, 가끔 맹수가 공격을 해 왔을 때 얼룩말이나 기린 떼가 한꺼번에 쏜살같이 도망가는 것을 볼 수 있다. 그것은 사람처럼 동물들도 자신들만이 아는 신호를 서로 보내기 때문에 가능하다.

모든 동물들은 몸짓으로 말을 한다. 몸짓만 봐도 동물들의 감정을 알 수 있다.

고양이가 가구를 긁어 놓는 것은 말썽을 피우려는 게 아니라 자기도 한 가족이라는 표시를 하는 몸짓이다. 개가 꼬리를 꼿꼿이 치켜든 것은 상대방이 낯설어서 경계를 하는 몸짓이다. 꼬리를 흔드는 것은 친구가 되자는 몸짓이다.

동물들의 언어는 대부분 단순하다. 동료를 찾을 때, 짝을 찾을 때, 먹이가 있는 곳을 알릴 때, 다른 수컷을 경계할 때 등의 경우에 사용한다.

소리로 말하기

개나 고양이는 멍멍 짖거나 야옹 울면서 소리로 말을 한다. 이 밖에도 소리로 말을 하는 동물은 많이 있다. 대부분의 새들, 사람과 가장 비슷한 고릴라나 원숭이도 모두 소리로 말을 한다. 사람처럼 체계적이지는 않지만 고릴라는 다양한 소리를 통해 감정을 표현한다. 그 밖

매미

에 매미나 귀뚜라미 같은 곤충들도 소리를 낸다.

초음파로 말하기

돌고래는 동물 중에서 사람을 제외하면 언어 능력이 가장 뛰어나다. 무려 700가지의 발음을 낼 수 있다고 한다.

물 밖과 달리 물속에서는 멀리 보이지 않는다. 그래서 소리를 내서 서로 의사소통을 해야 하는데, 돌고래는 휘파람 소리 같은 소리도 내지만 초음파를 이용하기도 한다. 동료 돌고래가 어디에 있는지, 먹이가 어디에 있는지, 적은 어디에 있는지, 지금 어디로 가는지 등을 말하는 것이다.

돌고래

하지만 돌고래가 내는 초음파는 사람이 거의 들을 수 없는 소리다. 사람이 들을 수 있는 소리의 영역은 20~2만 Hz(헤르츠)다. 20Hz 이하는 초저음파라고 하고, 2만 Hz 이상은 초음파라고 한다. 초저음파나 초음파는 사람이 들을 수 없다.

고래 말고도 초저음파와 초음파로 의사소통을 하는 동물들은 많다. 코끼리는 12Hz 정도 되는 초저음파로 의사소통을 하고, 박쥐는 2만 Hz 이상의 초음파로 의사소통을 한다. 박쥐는 어두운 동굴에서 생활하기 때문에 눈이 잘 보이지 않는다. 그래서 초음파를 내보내는 것이다. 박쥐가 내보낸 초음파는 주변의 물체에 부딪혀 다시 돌아온다. 박쥐는 이 되돌아온 소리를 통해 길을 찾고 사냥을 한다.

박쥐

꿀벌의 대화법

동물 중에서도 집단생활을 하는 동물들은 의사소통 방법이 발달했다고 한다. 대표적인 동물이 꿀벌이다. 카를 폰 프리슈 박사는 꿀벌의 의사소통을 연구해 1973년에 노벨상을 받았을 정도다. 벌은 춤으로 의사소통을 한다.

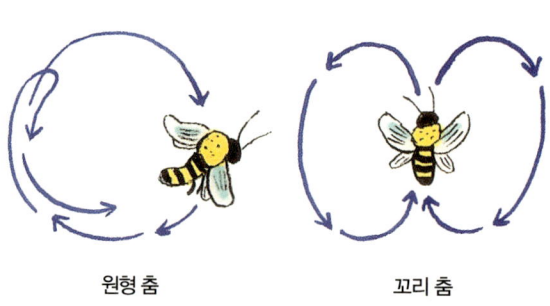

원형 춤   꼬리 춤

먼저 정찰을 하러 간 벌이 꿀을 찾고 돌아온다. 돌아온 벌은 춤을 추어 다른 벌들에게 꿀이 있는 곳의 방향과 거리를 알려 준다. 집에서 가까운 곳에 꿀이 있으면 원형 춤을, 집에서 먼 곳에 꿀이 있으면 8자 모양의 꼬리 춤을 춘다. 이때 춤의 방향은 꿀이 있는 방향이고 춤의 속도는 꿀이 있는 곳까지의 거리를 나타낸다.

독일의 어떤 동물학자가 꿀벌 로봇을 만들어 벌들 앞에서 춤을 추게 하고, 춤으로 알려 준 장소에 가서 기다렸다고 한다. 그런데 정말 벌들이 그곳으로 날아왔다고 한다.

화학적 신호(냄새)와 접촉으로 말하기

많은 동물들이 냄새를 통해 의사를 전달한다. 먹이를 찾는 경로를 알릴 때, 암컷을 유혹할 때, 다른 동물의 공격에 대비할 때, 동물들은 독특한 냄새를 내보내 신호를 보낸다. 동물들이 냄새를 내는 물질을 페로몬이라고 하는데, 동물에 따라 좋은 냄새를 내보내기도 하고 나쁜 냄새를 내보내기도 한다.

어떤 물고기는 공격을 받으면 지독한 냄새를 풍긴다. 옆에 있던 물고기들은 이 냄새를 맡고 멀리 도망갈 수 있다. 개미도 페로몬으로 의사소통을 한다. 페로몬으로 먹이가 있는 곳까지 흔적을 남겨 다른 동료들이 그 냄새를 맡고 찾아오게 한다. 페로몬으로 동료들에게 위험을 알리기도 한다.

　원숭이들은 털 고르기를 하면서 마음을 전한다. 서로 털 고르기를 하면서 같은 무리의 친목을 돈독하게 한다. 앵무새나 까마귀도 서로의 부리를 이용해 깃털을 손질해 준다. 이런 동물들은 접촉을 통해 마음으로 이야기를 나눈다.

원숭이

　색깔로 기분을 나타내는 동물도 있다. 카멜레온은 기분에 따라 몸 색깔이 변한다. 또 어떤 물고기는 춤을 추기도 하고, 특별한 행동을 통해 말을 하기도 한다. 늑대의 우두머리는 항상 귀와 꼬리를 꼿꼿하게 세워서 자신의 권위를 나타내고, 부하들은 우두머리의 주둥이를 핥으면서 복종을 맹세하기도 한다.

7. 하늘을 나는 동물원

여름 햇살은 뜨거웠지만, 다윈 동물원은 새로운 공사로 몹시 바빴다. 동물원장님이 나의 계획인, 아니 정확하게 말하자면 펭귄들의 계획인 '하늘을 나는 동물원'을 만들겠다고 결심했기 때문이다.

펭귄들이 노는 풀장 밑에 터널을 뚫고, 원숭이들이 좋아하는 시설을 만들어 밀림에서처럼 놀게 해 주자 다윈 동물원에는 다시 활기가 넘쳤다.

나는 당분간 반려동물 도우미를 그만두어야 했다. 동물원장님이 동물원에서 아르바이트를 해 달라고 부탁했기 때문이다. 나는 공사장을 돌아다니면서 어떻게 하면 동물들이 더 행복하고 즐겁게 살 수 있을지 조언을 했다. 물론 그 조언들은 동물들이 내게 해 준 말이었다.

내가 코붕이를 끌고 파란 헬멧을 쓰고 나타나면 사육사 아저씨들은 이렇게 말했다.

"감독님, 낚시었습니까?"
나는 마치 사육사가 된 듯한 기분이 들었다.
사육사들도 신이 나고, 기대에 가득 찬 얼굴이었다.
아빠의 얼굴에도 웃음이 떠나지 않았다.

호랑이 우리를 지나갈 때 호랑이가 우리를 불렀다.

"지동아! 잡종 개! 나한테도 진짜 좋은 방법이 있어!"

"무슨 방법?"

"나한테도 우리 동물원에 관람객들이 몰려들게 할 방법이 있다니까!"

코붕이가 비웃었다.

"하루 종일 잠만 자는 게으른 녀석이 방법은 무슨 방법."

언제부터인지 코붕이는 호랑이를 완전히 무시한 채 상대하려고 들지 않았다. 호랑이가 겁을 줘도 코붕이는 코웃음만 쳤다.

"요즘 내가 낮잠을 확 줄였거든. 나도 앞으로 재롱도 피우고 그럴 거야. 내 말 끝까지 들어 봐."

"말해 봐."

"나랑 사자랑 싸우게 해 줘! 관람객들 앞에서 호랑이와 사자의 대결을 보여 주는 거야!"

나는 철창 앞으로 다가섰다.

"네가 사자랑 싸우겠다는 거야? 지난번에는 쓸데없는 호기심을 갖지 말라더니, 마음이 변한 거야?"

"그게 아니고, 관람객들 앞에서 쇼를 하겠다는 거지. 네 말대로 사람들은 호랑이랑 사자가 싸우면 누가 이길지 정말 궁금해하잖아. 그래서 내가 직접 그 대결을 보여 주겠다는 거야."

"오호!"

나는 감탄을 터뜨렸다. 코붕이가 물었다.

"그런데 진짜 싸우려고?"

"천만에! 난, 싸움 같은 거 못해. 사실은 내가 저 암사자를 짝사랑하거든."

호랑이는 수줍은 듯 입을 벌리고 웃었다.

"그러니까 네 말은 암사자랑 사귀고 싶으니까 같은 방에 넣어 달라는 거구나."

나는 호랑이의 속셈을 그제야 알아차렸다.

"바로 그거야. 그래도 관람객들 앞에서는 실감 나게 싸우는 척해 줄게."

"참 내, 정말 이상한 호랑이야."

나는 어깨를 으쓱했다.

"제발 부탁이야. 나를 암사자 우리로 옮겨 줘. 소원이야!"

"아빠한테 물어볼게. 암사자한테도 물어보고."

"잘 부탁해. 히히히! 나의 진심을 암사자 양한테 꼭 전해 줘."

호랑이는 바닥을 뒹굴면서 입을 벌리고 실실 웃었다.

동물원을 돌아다니다가 파충류관에서 아빠를 발견했다. 아빠는 거북에게 먹이를 주고 있었다. 거대한 갈라파고스코끼리거북은 다리를 세우고 목을 쑥 빼서 느릿느릿 나뭇잎과 풀을 먹고 있었다.

나는 우리 안으로 들어가면서 물었다.

"아빠, 이 거북은 나이가 얼마나 많아요?"

"100살은 됐을 거야. 우리나라에서 가장 나이가 많으니까."

"100살이나요? 그럼, 죽을 때가 다 된 거 아니에요?"

"아니야, 갈라파고스코끼리거북은 150살 이상 살 수 있어. 갈라파고스코끼리거북은 등갑이 크고 단단해서 무서운 게 없단다. 그런데 이 등갑 때문에 목숨을 잃기도 해."

"왜요?"

"중심을 잃고 몸이 뒤집어지면 등갑이 너무 무거워서 다시 일어나지 못하거든."

"그렇구나."

아빠는 거북에게 연한 나뭇잎을 골라서 주었다.

"갈라파고스코끼리거북이 사는 갈라파고스 제도는 다윈이 진화론을 연구한 곳으로 유명하지."

"다윈이라면 우리 동물원의 이름이잖아요."

"그래, 찰스 로버트 다윈은 생물 진화론을 세운 영국의 생물학자야. 우리 동물원도 그분의 이름을 따서 지은 거지."

아빠와 나는 거북 옆에 앉았다.

"진화론이 뭐예요?"

"진화론은 '생물은 수백만 년 이상의 오랜 시간에 걸쳐 서서히 변화하고 진화한다'는 이론이야. 진화론에 따르면 꽃, 동물, 사람, 벌레 등 지구상의 모든 생물은 같은 조상에서 나왔다고 해. 그리고 지금 지구에 사는 생물들의 조상은 지금 생물과는 다른 모습일 거라고 하지."

아빠는 바닥에 남아메리카의 지도를 그렸다. 그리고 다윈의 진화론과 진화론의 반대인 창조론에 대해 설명해 주었다. 창조론은 모든 생명체를 신이 만들었다는 주장이라고 했다.

설명을 다 들은 내가 말했다.

"난 아무래도 다윈의 진화론이 맞는 것 같아요."

"그건 왜?"

"동물들과 사람은 서로 좋아하고, 마음이 잘 통하잖아요. 하는 행동도 비슷하고, 사는 방법도 비슷하고요. 그러니까 우리는 아주 까마득한 옛날에는 친척이었을 것 같아요."

"하하하! 그런 것도 같구나. 네 엉덩이에 톡 튀어나온 뼈가 있을 거야. 그건 꼬리뼈란다."

"사람한테도 꼬리가 있었어요?"

"그래, 아주 옛날에는 꼬리가 있었는데 지금은 없어진 흔적이지. 그게 다 진화의 증거라고 할 수 있어."

아빠는 손에 묻은 흙을 털면서 자리에서 일어났다. 아빠와 나는 파충류관을 나와서 걸었다.

"아빠, 오늘 아빠가 말해 준 것을 다른 아이들에게도 알려 주면 좋겠어요. 다윈 동물원이니까 다윈에 대해서도 자세히 알려 주고, 갈라파고스에서 온 코끼리거북도 보여 주고요."

"참 좋은 생각이구나! 아빠도 좋은 계획이 떠올랐어!"

아빠가 기분 좋은 목소리로 말했다.

"동물들에 대해 배울 수 있는 동물 학교를 여는 거야! 그리고 관람객들이 동물을 구경할 때 사육사들이 깜짝 퀴즈를 내는 거지. 예를 들면, '물개는 숨을 쉬지 않고 얼마나 오랫동안 잠수할 수 있을까요?' 같은 문제를 내는 거야. 그러면 관람객들은 퀴즈를 풀려고 동물을 더 열심히 들여다보지 않겠니?"

"와! 관람객들에게 큰 인기를 끌겠어요!"

나는 두 팔을 번쩍 들었다.

"지동아, 다윈은 비글호 항해를 하면서 열여덟 권이나 되는 연구 노트를 썼다고 하더라. 너도 연구 노트를 열심히 써서 다윈처럼 훌륭한 동물 박사가 되도록 해라."

"네!"

아빠와 헤어진 나는 나무 밑 의자에 앉아 연구 노트를 펼쳤다. 어쩌면 이 노트도 다윈의 《종의 기원》 같은 책을 쓸 수 있는 자료가 될지 모른다. 나는 '동물은 왜 변했을까?'라고 쓰고, 아빠에게 들은 내용을 적어 내려갔다.

꼬마 동물학자의 연구 노트

동물은 왜 변했을까?

다윈은 어떻게 진화론을 생각해 냈을까?

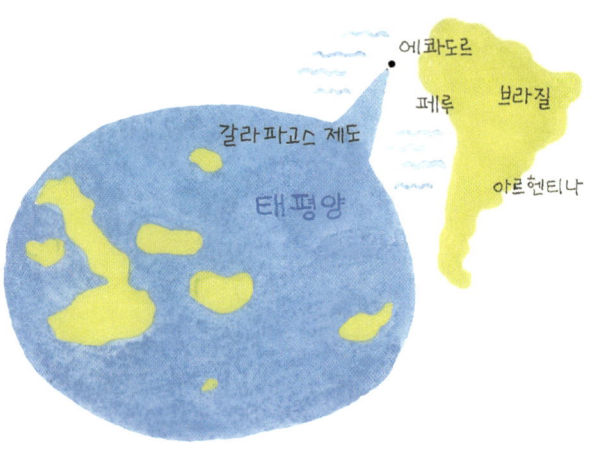

갈라파고스 제도는 남아메리카의 에콰도르 영토로, 육지로부터 1000km 정도 떨어진 여러 섬으로 이루어져 있다. 다윈은 영국의 항해 조사선 비글호를 타고 남아메리카, 태평양 등을 항해하다가 갈라파고스 제도에 머물면서 탐험을 하게 되었다.

다윈은 이곳에서 놀라운 발견을 했다. 갈라파고스 제도의 섬들은 자연 조건이 비슷한데, 섬마다 사는 핀치라는 새의 부리가 서로 다르게 생긴 걸 발견한 것이다. 어떤 섬에 사는 핀치의 부리는 딱딱한 씨앗을 먹을 수 있게 두꺼웠고, 어떤 섬에 사는 핀치의 부리는 작은 곤충을 잡아먹기 좋도록

핀치

가늘고 뾰족했다. 다윈은 연구 끝에 이렇게 결론을 내렸다. 오래전에는 핀치가 한 종만 있었는데, 새들이 먹이 경쟁을 하면서 각자 사는 환경에 적응하다 보니까 부리가 점점 변해 갔다고. 그 후 다윈은 생물의 종은 살아가는 환경에 따라 여러 갈래로 나뉘었다고 결론을 내렸다. 환경에 적응한 것만 살아남고, 적응하지 못하면 사라진다는 주장이다. 이 주장이 진화론의 뿌리가 되었다.

다윈은 20여 년 동안 자료를 수집하고 실험을 해서 진화론에 관한 《종의 기원》이라는 책을 썼다. 《종의 기원》은 세상을 깜짝 놀라게 한 책이었다. 책이 나왔을 당시에는 다윈의 진화론을 반대하는 사람들이 많았다. 많은 사람들이 "인간이 원숭이의 후손이라는 말이냐!"라고 하며 다윈을 크게 비판했다. 그 당시 사람들은 진화론의 반대인 창조론을 믿고 있었다. 창조론은 말 그대로 '우주 만물을 신이 창조했다'는 주장이다. 아직도 창조론과 진화론은 서로 맞서고 있다.

진화론이 맞을까, 창조론이 맞을까?

나는 진화론이 맞다고 생각한다. 코끼리와 기린과 펭귄을 보면 그렇다. 코끼리가 왜 초식 동물이 됐는지 생각해 봤다. 코끼리가 육식 동물이라면 정말 무시무시했을 것 같다. 당해 낼 동물이 없을 거다. 하지만 덩치가 너무 크면 눈에 잘 보여서 먹이 사냥을 하기가 어렵다. 몸이 무거워 먹잇감을 쫓기도 어려울 테고. 그래서 덩치가 아주 큰 육식 동물은 멸종할 수밖에 없다. 하지만 코끼리는 초식 동물이었기 때문에 지금까지 살아남을 수 있었다. 생물은 환경에 알맞게 변한다는 진화론으로 설명되는 것이다.

기린도 그렇다. 옛날에 기린 중에는

목이 짧은 기린도 있었고, 목이 긴 기린도 있었다. 목이 긴 기린은 높은 나뭇가지에 달린 나뭇잎까지 먹을 수 있어, 먹이를 많이 먹고 튼튼해져서 더 많은 자손을 남길 수 있었다. 결국 시간이 지난 후 목이 짧은 기린은 사라지고, 목이 긴 기린만 살아남았다.

펭귄은 남극에서 먹이가 가장 풍부한 바닷속으로 뛰어들면서 날기를 멈췄다. 펭귄의 몸은 날기보다 수영하기에 알맞게 진화했다.

동물의 탄생

지구는 46억 년 전에 만들어졌다. 얼마 후 지구에는 단세포 동물들이 생기기 시작했고, 약 2억 2500만 년 전쯤에 원시 포유류가 나타났다. 수억 년이 흐르는 동안 지구의 환경은 계속 변했다. 갑자기 빙하 시대가 오기도 하고, 홍수가 나기도 하고, 땅이 갈라지기도 했다. 동물은 변하는 지구에서 살아남기 위해 계속 변할 수밖에 없었다.

동물이 어떻게 생겨났는지 아직까지 정확히 알려지지 않았다. 여러 가지 주장이 있는데, 살아남기 위해 환경에 적응하는 방향으로 동물이 변화해 왔다고 믿는 사람이 가장 많다.

원시 지구에는 지금보다 훨씬 적은 종류의 동물이 살고 있었다. 그런데 넓은 지역으로 퍼져 나가면서 살고 있는 곳에 따라 생김새나 특성이 조금씩 달라졌다. 오늘날에는 아주 다양한 종류의 동물이 살고 있다. 이렇게 생물이 오랜 시간을 거치면서 조금씩 변해 가는 것을 진화라고 한다.

주변 온도와 먹이에 따른 진화

동물은 살아남기 위해 주변 환경에 맞게 몸을 변화시키기도 한다. 날씨가 추운 곳에 사는 동물들은 몸의 온도를 덜 빼앗기기 위해 몸 밖으로 비어져 나온 부분이 점점 작아졌다. 그래서 더운 곳에 사는 동물들에 비해 귀도 작고 다리도 점점 짧아졌다.

추운 곳에 사는 북극여우는 귀가 작고 뭉툭해서 몸의 열을 쉽게 빼앗기지 않는다. 또 몸이 빽빽한 털로 덮여 있어 추위를 막아 준다. 반대로 더운 곳에 사는 사막여우는 귀가 아주 커서 몸의 열을 쉽게 내보낼 수 있다.

온도나 주변 환경뿐 아니라 무엇을 즐겨 먹느냐에 따라서 동물의 모양이 변하기도 한다. 딱따구리는 나무에 사는 곤충의 애벌레를 잡아먹고 산다. 애벌레를 잘 잡아먹기 위해 부리는 점점 날카로워졌고, 혀는 길어져서 나무 속에 있는 애벌레도 쉽게 잡아먹을 수 있게 되었다.

돌연변이 동물이란 것도 있다. 조상이 갖고 있지 않던 특성을 갖고 태어난 후, 그 특성이 후손에게 전해져 진화된 동물이다.

딱따구리

8. 내 인생에서 가장 행복한 순간

　오늘은 사자와 호랑이를 같은 우리에 집어넣는 날이다. 암사자는 신경이 곤두서 있는지 이빨을 드러내며 으르렁거렸다.
　사육사들이 잔뜩 긴장한 얼굴로 우리 안을 들여다봤다. 만일을 대비해 수의사가 대기하고 마취총까지 준비해 놓았다. 내 손바닥에도 땀이 흘렀다. 혹시 사고가 일어나지 않을까 나도 걱정이 되었다.
　며칠 전 나는 '사자와 호랑이의 대결, 누가 이길까?'라는 쇼를 하자고 아빠에게 제안했다. 아빠는 몹시 위험한 일이라면서 내 제안을 받아들이지 않았다. 잘못했다가는 둘 중 하나가 죽을 수도 있다고 했다. 하지만 다른 사육사들은 내 제안에 찬성했다.
　"싸움을 시키지 말고, 결혼을 시키는 거야."
　"그래, 둘 다 결혼할 나이가 지났잖아. 몹시 외로울 거야."

결국 사자와 호랑이를 같은 우리에 집어넣기로 했다.

잠시 후, 사자 우리의 문이 열렸다. 송아지만 한 호랑이가 눈을 부라리며 성큼 걸어 나왔다.

호랑이는 거침없이 사자 주변을 빙글빙글 돌았다. 사자는 잔뜩 경계하는 몸짓으로 으르렁댔다.

호랑이가 가까이 다가갔을 때, 갑자기 사자가 앞발을 들더니 호랑이를 후려쳤다. 호랑이는 한 대 얻어맞더니 휘청거렸다. 큰 싸움이 일어날 기세였다.

우리는 깜짝 놀라 비명을 질렀다. 수의사가 사자와 호랑이를 향해 마취총을 겨냥했다. 그때였다. 호랑이가 갑자기 사자 앞에 납작 엎드렸다. 그러더니 벌러덩 누워 버렸다.

"저게 뭐 하는 짓이야?"

사육사들이 얼떨떨한 표정으로 호랑이를 바라봤다.

"저건 강아지들이 예뻐해 달라고 애교 떠는 행동 아니야?"

아빠가 말했다.

"호랑이가 저런 행동을 하는 건 처음 보는데! 누구 본 적 있어?"

사육사들이 모두 고개를 흔들었다. 호랑이는 아예 혀까지 빼물고 허리를 흔들었다.

"아휴, 눈 뜨고 못 봐 줄 꼴이군. 맹수의 왕이라는 게 왜 저러지? 고양이도 저러지는 않겠어!"

사육사들은 허탈하게 웃으며 우리를 떠났다.

그날 저녁, 나는 호랑이와 사자가 있는 우리로 가 보았다. 호랑이는 암사자가 너무나 좋은지 계속 바닥을 뒹굴며 애교를 부리고 있었다.

내가 물었다.

"그렇게 좋아?"

"너무 좋아! 너무 행복해! 내 인생 최고의 순간이야! 이런 아름다운 여인을 만나다니!"

호랑이는 호들갑을 떨면서 머리를 흔들었다. 코붕이가 그런 호랑이를 향해 말했다.

"난 아무래도 저 호랑이가 자웅 동체 같아."

호랑이가 물었다.

"자웅 동체? 그게 뭐야?"

"암컷과 수컷의 성질을 몸 하나에 모두 갖고 있는 동물!"

호랑이가 펄쩍 뛰었다.

"뭐, 뭐라고? 이걸 그냥 확!"

"그런 동물도 있어? 자웅 동체인 동물은 어떻게 새끼를 만들어?"

코붕이가 대답했다.

"암컷과 수컷의 성질을 모두 갖고 있기는 하지만, 동시에 암컷과 수컷의 성질을 모두 왕성하게 나타내지는 못해. 그래서 암컷의 성질이 우세한 개체와 수컷의 성질이 우세한 개체가 짝짓기를 해서 새끼를 낳는 거야. 지렁이나 달팽이 등이 자웅 동체 동물이지."

"그렇다면 호랑이가 지렁이란 소리구나. 호랑이, 지렁이, 어쩐지 이름이 비슷하더라!"

나도 호랑이를 놀렸다. 호랑이는 사자 앞에서 망신을 당하는 게 싫었는지 철창을 두드리며 약이 오른 척했다.

"내가 자웅 동체면 잡종 개는 난태생이야!"

"난태생은 또 뭐야?"

코붕이가 대수롭지 않은 듯 대답했다.

"어류나 파충류는 알을 낳잖아. 그런데 어류나 파충류 중에서 새끼를 낳는 동물이 있어. 바로 상어나 가오리, 살무사 같은 동물이지. 다른 어류들은 알을 바닷속이나 바위틈에 낳지만, 상어는 알을 자신의 몸 안에 낳아서 부화하여 새끼를 낳아. 그래서 밖에서 볼 때는 마치 새끼를 낳는 것처럼 보이지. 알을 몸 안에서 부화시키는 걸 난태생이라고 해."

"그건 신비로운 거 아니야? 전설 속의 위대한 인물들은 알에서 태어난다고 하던데!"

코붕이가 거들먹거리며 맞장구를 쳤다.

"그렇다면 호랑이는 지렁이, 난 전설 속의 인물인 거네."

호랑이는 암사자를 사랑스러운 눈빛으로 바라보며 말했다.

"너희들이 아무리 놀려 봐야 난 사자랑 짝짓기를 해서 아주 예쁜 새끼를 낳을 거야. 우리 새끼는 타이곤이 될 거야. 절반은 사자이고 절반은 호랑이인 위대한 맹수가 되는 거지!"

코붕이가 놀리듯 말했다.

"실컷 낳아라."

"너희들, 아니? 라이거와 타이곤은 동물원에만 있다는 거. 사자와 호랑이는 야생에서는 만날 수 없거든. 사자는 아프리카에서 살고, 호랑이는 아시아에서 사니까. 우리가 새끼를 낳으면 정말 귀한 동물이 되는 거야.

부럽지?"

"하나도 안 부럽다. 지동아, 우리 그만 가자. 송아지만 한 게 애교 떠니까 못 봐 주겠다."

나는 코붕이와 함께 돌아섰다. 등 뒤에서 호랑이와 사자가 즐겁게 노는 소리가 조금씩 멀어졌다.

어느덧 뜨거운 여름이 지나가고 동물원에도 가을이 찾아왔다. 다윈 동물원이 하늘을 나는 동물원으로 새롭게 문을 연 지 두 달이 지났다.

나는 동물원의 회의실에 앉아 있었다. 내 주변에는 엄마와 아빠, 그리고 사육사들과 직원들, 동물원장님과 코붕이까지 모여 있었다. 모두 긴장한 얼굴로 텔레비전을 지켜보는 중이었다.

저녁 뉴스가 시작됐다. 아나운서가 뉴스를 하나씩 소개했.

누군가 속삭였다.

"언제 나오는 거야?"

다른 누군가가 또 속삭였다.

"오늘 나오는 것 맞아?"

아빠가 어험, 하고 헛기침을 하자 수군거리던 사람들이 조용해졌다. 잠시 후, 아나운서는 새로운 뉴스를 소개하기 시작했다.

"참으로 놀라운 일이 일어났습니다. 문을 닫을 위기에 처했던 작은 동물원에서 기적이 일어났습니다."

사람들이 소리쳤다.

"나온다, 나와!"

"쉿! 조용!"

 모두 숨을 죽이고 텔레비전을 지켜봤다. 텔레비전에 동물원의 모습이 나왔다. 곧 방송 기자의 목소리가 이어졌다.
 "여러분은 하늘을 나는 동물들을 보신 적이 있습니까? 펭귄이 날고, 북극곰이 날고, 물개가 하늘을 나는 모습을 본 적이 있습니까? 하늘을 나는 동물들을 볼 수 있는 동물원이 문을 열었습니다."
 텔레비전에 펭귄들이 수족관에서 수영하는 모습이 나왔다. 수중 터널

에서 수족관을 바라보니 마치 펭귄들이 파란 하늘 위를 마음껏 나는 것 같았다. 이어서 북극곰과 물개까지 풀장에서 수영하는 모습이 나왔다. 사육사가 먹이를 물속에 던지자 북극곰은 다이빙을 해서 물속으로 뛰어들었다. 북극곰은 날쌔게 수영해서 먹이를 잡아챘다.

"와!"

텔레비전을 지켜보던 사육사들이 손뼉을 쳤다. 엄마와 아빠도 손뼉을 치며 감탄을 터뜨렸다.

방송 기자는 카메라 앞에서 마이크를 들고

말했다.

"다윈 동물원은 몇 달 전까지만 해도 관람객이 없어 문을 닫을 지경이었습니다. 직원들은 월급을 받지 못해 몇 달 동안 고생을 해야 했지만, 동물들을 사랑하는 마음 때문에 떠나지 못했습니다. 그런데 한 어린이의 놀라운 제안으로, 기적의 동물원으로 다시 태어났습니다. 동물들이 행복한 동물원, 동물들과 사람이 함께 어울려 즐기는 동물원이 된 것입니다. 지금 다윈 동물원은 폭발적인 인기를 끌며, 전국에서 가장 많은 관람객이 찾는 동물원이 되었습니다!"

방송 기자는 관람객으로 보이는 아주머니에게 마이크를 대며 인터뷰를 했다.

"이곳 동물원을 찾은 이유는 무엇입니까?"

"소문을 듣고 왔어요. 정말 지금까지 봤던 다른 동물원과 완전히 달라요. 동물들이 철창살 안에 갇혀 있지 않고 끊임없이 움직이고 있어요. 맹수나 독사 같은 위험한 동물을 제외하면 대부분의 우리에는 철창살이 없어요. 마치 동물 놀이터에 온 것 같아요!"

선글라스를 쓴 아저씨가 마이크를 잡았다.

"동물원을 이리저리 돌아다니다 보면 어느새 사람과 자연이 하나가 된 것 같은 느낌을 줍니다. 투명한 풀장에서 수영하는 펭귄은 하늘을 날고 있는 것처럼 보이고, 외줄 타기의 명수 긴팔원숭이가 휙휙 날아다닙니다. 우리 가족은 1년 회원권을 끊을까 합니다."

"와!"

사육사들과 직원들이 또 한 번 감탄을 터뜨렸다. 너무 기뻐서 입이 다

물어지지 않았다.

"지금 이 자리에는 다윈 동물원을 기적의 동물원으로 바꾼 어린이가 나와 있습니다. 한지동 어린이!"

화면에 내 모습이 나타났다. 오늘 낮에 촬영해 간 모습이었다. 나는 차렷을 한 채 바짝 힘이 들어간 자세로 서 있었다. 사육사들이 나를 돌아보며 엄지를 추켜세웠다.

"어떻게 이런 동물원을 만들 생각을 했나요?"

"사람들은 지금까지 사람 입장에서만 생각을 했습니다. 한 번도 동물들 입장에서 생각해 본 적이 없습니다. 동물원에 전시해 놓은 동물들은 그래서 슬프고 불쌍해 보인 겁니다. 그래서 저는 동물들이 어떻게 하면 행복하게 살 수 있을지 방법을 찾아보았습니다. 동물들이 자유롭게 살면, 관람객들도 행복해질 거라고 생각했습니다."

나는 조금 더듬거렸지만 할 말을 끝까지 다했다. 방송 기자는 고개를 끄덕거렸다.

"동물의 마음을 헤아릴 줄 아는 어린이군요. 한지동 어린이는 꿈이 무엇인가요?"

"저는 동물학자가 되고 싶습니다. 그래서 다윈처럼 갈라파고스 제도 같은 곳을 탐험하면서 동물과 사람이 함께 잘 살 수 있는 지구를 만들고 싶습니다."

방송 기자는 내 손을 잡았다.

"저는 지금 부끄러움을 느낍니다. 우리는 지금까지 왜 동물들을 전시해서 구경하려고만 했을까요? 함께 살려고 하지 않았을까요? 오늘 저를

부끄럽게 만든 것은 바로 한지동이라는 한 어린이의 따뜻한 마음입니다. 하늘을 나는 동물원, 이곳은 바로 사람과 동물이 함께 어울려 사는 사랑의 동물원입니다."

뉴스는 그렇게 끝을 맺었다.

회의실은 잠시 조용했다. 나는 부끄러워 얼굴이 빨갛게 달아올랐다.

"짝짝짝!"

누군가 손뼉을 치기 시작했다.

"짝짝짝!"

모두들 따라서 손뼉을 쳤다.

"한지동! 한지동! 한지동!"

사람들이 하나둘 내 이름을 불렀다. 나는 가슴이 뜨거워졌다. 사람들이 다가와 내 주변을 에워쌌다. 엄마와 아빠가 나를 얼싸안았다. 내 눈에서 뜨거운 눈물이 흘렀다.

내 인생에서 가장 행복한 순간이었다.

몇 달 뒤, 텔레비전에 또 다원 동물원의 뉴스가 나왔다. 사자와 호랑이 사이에서 타이곤이 태어났다는 소식이었다. 관람객들이 타이곤을 보려고 물밀듯이 몰려들었다.

깊은 밤, 나는 사자와 호랑이가 함께 사는 우리로 몰래 가 보았다. 호랑이의 말처럼 타이곤은 아주 귀여웠다. 우리에서 호랑이와 사자가 타이곤에게 말하는 소리가 들렸다.

"새끼 동물들은 어미한테 배워야 할 게 많아. 어미의 행동을 따라 하면서 세상을 사는 기술을 익히는 거야. 초식 동물은 먹이를 구하는 법도

배우고, 육식 동물에게 잡히지 않고 도망가는 법도 배워. 또 같은 동료들끼리 대화를 하는 법도 배우지."

"육식 동물은 뭘 배워요?"

"육식 동물은 초식 동물보다 배워야 할 게 더 많아. 초식 동물을 사냥해야 하기 때문이지. 먹잇감을 발견하면 몰래 숨어서 쫓는 법도 배워야 하고, 다른 동료들과 함께 작전을 세워서 공격하는 법도 배워야 해. 타이곤아, 아빠가 백두산에서 사슴 사냥한 얘기, 해 줄까?"

"아빠 고향은 중국에 있는 동물원이라고 하지 않았어요?"

"아, 그랬나! 그렇다면 사냥을 하는 법을 가르쳐 주마. 토끼 사냥!"

타이곤이 말했다.

"난 토끼 무서워요!"

"토끼가 왜 무서워! 토끼는 우리의 밥이야!"

"토끼가 발길질하면 엄청 무서워요! 난 토끼 안 먹을래요."

암사자가 끼어들었다.

"에휴, 여보. 토끼 사냥은 배워서 뭐 해요. 우리가 사냥할 일이 어디 있다고."

"하긴……. 아빠도 살아 있는 건 먹기 무섭더라. 우리 앞으로 오랫동안 동물원에서 즐겁게 살자꾸나. 그런데 요즘 지동이랑 코붕이가 안 놀러 오네."

다윈 동물원의 밤은 그렇게 깊어 갔다.

꼬마 동물학자의 연구 노트

동물은 어떻게 짝짓기를 할까?

동물의 짝짓기

동물들은 새끼를 낳기 위해서 암컷과 수컷이 만나 짝짓기를 한다. 동물이 자연에서 살아남는 것만큼 중요하게 여기는 것은 자손을 남기는 것이다. 그래서 동물들은 자손을 남기기 위해 짝짓기에 많은 노력을 기울인다. 수컷들은 암컷을 유혹하기 위해 구애 행동을 하고, 몸의 색깔을 예쁘게 변화시키기도 한다.

새끼를 낳으려면 암컷의 난자와 수컷의 정자가 만나 수정이 일어나야 한다. 수정에는 체내 수정과 체외 수정이 있다. 체내 수정은 암컷의 몸속에서 수정이 일어나는 것이고, 체외 수정은 암컷의 몸 밖에서 수정이 일어나는 것이다. 물 밖에 사는 동물들은 주로 체내 수정을 하고, 물속에 사는 동물들과 물에서도 땅에서도 사는 양서류는 주로 체외 수정을 한다.

구애 행동이란 무엇일까?

짝짓기를 하기 위해 짝을 유혹하는 행동을 구애 행동이라고 한다.

동물마다 구애 행동은 다르지만, 보통 수컷이 암컷에게 구애 행동을 하며, 노래를 부르거나 화려한 날갯짓 등을 한다. 어떤 동물들

혼인색을 띤 피라미

은 짝짓기를 하기 전에 몸 색깔이 변하기도 하는데, 이것을 혼인색이라고 한다. 피라미는 머리, 가슴지느러미 등 부위별로 다른 색을 띠면서 예쁘게 변한다. 수사슴들은 뿔로 심하게 싸우고, 최후의 승자가 암컷을 차지한다. 수말들도 암컷을 놓고 이빨과 발굽으로 거칠게 싸운다. 산토끼는 공중으로 펄쩍펄쩍 뛰어오르며 '나, 뒷다리 힘세다!' 하면서 암컷들을 불러 모은다.

뿔로 싸우는 수사슴

 춤파리 수컷들은 작은 곤충들을 사냥하고는 다 함께 춤을 춘다. 그러면 암컷들이 몰려온다. 춤파리 수컷들은 암컷들에게 먹이를 주면서 구애 행동을 한다. 먹이를 준비하지 못한 수컷은 짝짓기를 하지 못한다.

 개구리는 크게 우는 게 구애 행동이다. 수컷들이 '날 좀 바라봐!' 하고 소리를 지르는 것이다. 금관조 수컷은 아름다운 목소리로 지저귀면서 깃털을 높이 세우고 '나, 멋지지?' 하고 구애 행동을 한다. 가시고기 수컷은 먼저 둥지를 열심히 짓는다. 그리고 '나, 집도 있고, 준비 다 됐어요!' 하는 신호를 암컷들에게 보낸다.

바우어새도 둥지를 지어 구애를 한다. 나뭇가지와 풀줄기 등으로 둥지를 짓는데, 둥지가 아름답기로 유명하다.

둥지를 짓는 가시고기

암컷과 수컷의 구별

사람은 여자들이 예쁘게 치장을 하지만 동물 세계에서는 반대다. 수컷은 자신의 종족을 번식시키기 위해 암컷을 유혹해야 한다. 보통 짝을 고르는 권리가 수컷이 아닌 암컷에게 있기 때문이다. 그래서 대부분 수컷이 암컷보다 색과 모양이 더 화려하다.

동물원에서 부채 모양의 깃털을 화려하게 펼친 공작이 있다면, 그 공작은 수컷이다. 짝짓기 철이 되면 수컷 공작에게는 화려한 장식깃이 돋아나 더 화려해진다. 화려한 깃털로 암컷을 유혹해서 짝짓기를 하는 것이다. 그에 비해 암컷 공작은 수수한 깃털을 달고 있다.

코끼리바다표범 역시 암컷과 수컷의 생김새가 많이 다르다. 수컷이 암컷의 서너 배는 될 정도로 몸집이 크고, 수컷은 코가 크고 부풀어 있는 것이 특징이다.

사자의 경우 암컷보다 수컷의 몸집이 크고 갈기가 나 있다. 닭은 수탉의 색깔이 화려하고 깃털이 예쁘다. 암탉은 크기도 작고 색도 수수한 편이다. 사슴의 수컷은 뿔이

암사자   수사자

나 있고 암컷은 몸집이 작으며 뿔이 없다. 수컷의 뿔은 무리 안에서의 지위를 보여 준다. 뿔이 크고 웅장한 수컷이 세력이 강하다고 할 수 있다. 개구리는 수컷이 울음소리를 내며, 턱 밑에 울음주머니가 있다.

공작, 사자나 사슴처럼 쉽게 암컷과 수컷을 구별할 수 있는 동물도 있지만 쉽게 구별할 수 없는 경우도 있다. 참새나 잠자리, 붕어 등은 눈으로 구별하기 어렵고, 짝짓기를 할 때 알 수 있다.

동물은 어떻게 새끼를 낳고 키울까?

동물의 새끼 낳기

동물이 짝짓기를 한 뒤 일정 기간이 지나면 자손을 낳는다. 새끼를 낳는 경우도 있고, 알로 낳은 후 부화시키는 경우도 있다. 짝짓기 이후 알을 낳는 동물과 새끼를 낳는 동물은 변화 모습이 다르다. 특히 새끼를 낳는 동물은 배가 점점 커지고 암컷의 젖이 커진다. 동물들은 저마다 임신 기간이 다르며, 보통 덩치가 큰 동물일수록 임신 기간이 길다. 생쥐는 21일 만에 새끼를 낳는데 코끼리는 650일이 지나야 새끼를 낳기도 한다.

새끼를 낳는 동물은 포유류라고 하는데 코끼리, 코뿔소, 기린, 말, 사람, 소, 개 등이 포함되며, 물속 동물로는 고래가 있다. 소나 말 등은 한 번에 새끼를 한 마리 낳지만 개나 돼지, 고양이 등은 여러 마리의 새끼를 한꺼번에 낳는다. 덩치가 크고 힘센 동물들은 보통 적은 수의 새끼를 낳고, 작고 약한 동물은 많은 수의 새끼를 낳는다. 작은 동물일수록 적에게 잡아먹힐 가능성이 많기 때문이다. 새끼를 많이 낳아야 일부가 적에게 잡아먹히더라도 세대를 이어 갈 수 있는 것이다.

알을 낳는 동물

포유류를 제외한 어류, 조류, 파충류와 양서류는 물론 곤충 등의 무척추동물도 알을 낳는다. 알을 낳는 동물은 새끼에게 젖을 먹이지 않기 때문에 젖이 커지지 않고, 대체로 몸집이 작다. 알을 낳는 동물은 동물에 따라 알을 낳는 수가 다르며, 대부분 새끼가 자라기에 알맞은 장소에 알을 낳는다. 특히 다른 동물로부터 알을 보호하기 위해 흙이나 물속 등 눈에 안 띄는 곳을 좋아한다. 새들은 둥지를 만들어 그 안에 알을 낳는다.

새끼들은 알 속에서 일정 기간이 지나면 껍질을 깨고 밖으로 나온다. 이것을 부화라고 하는데, 동물마다 부화 기간이 다르다. 새들의 부화 기간은 보통 20일에서 30일 사이인데, 닭은 21일, 칠면조는 28일 정도 된다.

부화 기간이 지나면 바로 새끼가 되기도 하지만, 어떤 동물은 다르게 변하기도 한다. 곤충들은 여러 가지 변화 과정을 거치는데 이것을 변태라고 한다. 어떤 곤충들은 알에서 애벌레, 다시 번데기로 변한 뒤, 마지막에 어른벌레가 된다. 번데기 시기를 거치지 않고 알, 애벌레, 어른벌레의 과정을 거치는 곤충도 있고, 변화를 거치지 않는 곤충도 있다.

양서류인 개구리의 경우 알에서 올챙이가 나온다. 물속에서 살던 올챙이는 뒷다리, 앞다리가 나오고 꼬리가 없어지면서 개구리로 변한다. 올챙이와 개구리는 생김새도 다르고, 사는 모습도 다르다. 올챙이는 물속에서만 살면서 아가미로 숨쉬지만, 개구리는 허파와 피부로 숨을 쉬고 물과 땅을 오가며 산다.

새끼 키우는 방법

동물들은 종류에 따라 새끼를 키우는 방법도 다양하다. 새끼를 낳는 동물들은 새끼가 혼자 먹이를 잡고 살아갈 수 있을 때까지 먹이도 잡아다 주고 사냥 방법을 가르친다. 새끼는 대부분 암컷과 수컷이 함께 키우지만 가끔 한쪽이 키우기도 한다. 코끼리는 암컷이 이끄는 가족 단위로 생활하며 새끼를 돌본다. 수컷은 대부분 혼자 생활한다.

　반대로 키위라는 새는 수컷이 새끼를 키운다. 암컷들은 알을 낳은 후 사라져 버리고, 수컷이 알을 부화시키고 키우는 것이다. 남극의 황제펭귄은 암컷이 낳은 알을 수컷이 품어서 부화시킨다.

　개미는 조금 독특하다. 알은 여왕개미 혼자 낳고, 키우는 것은 일개미들이 공동으로 한다.

　어떤 동물은 너무 작고 약한 새끼를 낳아 엄마의 주머니에 넣어 키우기도 한다. 이런 동물들은 태반이 없거나 완전하지 못해서 새끼를 미숙아 상태로 낳는다. 그리고 아기 주머니에 새끼를 넣고 제대로 다 자랄 때까지 키우며 산다. 이런 동물은 포유류 중 유대류라고 부르고, 캥거루와 주머니두더지, 코알라 등이 있다.

캥거루